PIRATES ET REBELLES

AU TONKIN

NOS SOLDATS AU YEN-THÉ

COULOMMIERS

Imprimerie PAUL BRODARD.

LE COLONEL FREY

DE L'INFANTERIE DE MARINE

PIRATES ET REBELLES

AU TONKIN

NOS SOLDATS AU YEN-THÉ

OUVRAGE CONTENANT 11 CARTES ET CROQUIS

PARIS

LIBRAIRIE HACHETTE ET Cie

79, BOULEVARD SAINT-GERMAIN, 79

Le Colonel FREY

DE L'INFANTERIE DE MARINE

PIRATES ET REBELLES
AU TONKIN

NOS SOLDATS AU YEN-THÉ

OUVRAGE CONTENANT 11 CARTES ET CROQUIS

PARIS

LIBRAIRIE HACHETTE ET Cie

79, BOULEVARD SAINT-GERMAIN, 79

1892

A LA MÉMOIRE

DES OFFICIERS, SOUS-OFFICIERS
ET SOLDATS DE L'ARMÉE DE MER ET DE L'ARMÉE
DE TERRE
GLORIEUSEMENT TOMBÉS DANS LE YEN-THÉ

CE LIVRE EST DÉDIÉ

*Puisse un monument, dû à la pieuse initiative
de leurs compagnons d'armes,
réunir bientôt sous la même pierre
avec cette modeste épitaphe :*

DÉVOUEMENT — DEVOIR

*leurs restes épars dans les cimetières étroits
de Ben-Hoa et de Nha-Nam,
dans des coins ignorés des plaines
du Yen-Thé ou des bois de Hu-Thuong
et, en léguant leurs noms à la postérité,
consacrer le souvenir de leur héroïsme.*

INTRODUCTION

Aux portes mêmes de la citadelle de Bac-Ninh, et s'étendant dans la direction du nord, commence l'une des régions les plus peuplées, les plus fertiles et en même temps les plus troublées du Tonkin : c'est le Yen-Thé.

Depuis le début de notre occupation, et encore à l'heure actuelle, le canon de nos colonnes s'y est fait souvent entendre et l'importance des pertes que quelques-unes d'entre elles y ont éprouvées, témoigne du degré de solidité et de résistance des Rebelles ou Pirates composant les bandes qui exploitent cette contrée : c'est ainsi que dans la seule période de l'année qui vient de s'écouler, du mois de juin 1890 au mois de juin 1891, le Yen-Thé n'a pas coûté à l'armée moins de trois capitaines, de sept lieutenants, et de cent hommes tués, blessés, ou morts des suites de maladies qu'ils y ont contractées [1].

Hu-Thué, Cao-Thuong, Lang-Sat, Phu-Ké..., sont des noms de villages du Yen-Thé, fréquemment cités dans les bulletins militaires que chaque courrier nous apporte de l'Indo-Chine et, tout récemment encore, le

1. Officiers tués ou morts des suites de leurs blessures : capitaines de Guigné et Goulas ; lieutenants Camilatos, Plat, Blaise, Bestagne ; — morts des suites de maladies contractées dans le Yen-Thé : capitaine Connétable ; lieutenants Loubère et Poulain ; — blessé : lieutenant Brezzi.

21 septembre 1891, c'est près de l'un d'eux qu'un vaillant officier d'infanterie de marine, le lieutenant de Vathaire, tombant sous les balles de ces mêmes pirates, expirait en résumant, dans ce cri de « Vive la France », les nobles sentiments, les élans d'ardent patriotisme dont sont animés ceux qui vont au loin faire le sacrifice de leur existence pour la grandeur et pour la gloire de la France !

Dans les pages qui suivent, nous nous proposons en premier lieu de décrire la région du Yen-Thé. Cette description présentera cet intérêt de faire connaître en même temps toutes les autres régions intermédiaires entre le Delta et le Haut-Tonkin, principaux théâtres des événements militaires les plus importants qui se déroulent dans notre colonie d'Extrême-Orient. Elles se ressemblent d'ailleurs par bien des côtés, — notamment par la nature du sol et par le mode de recrutement et d'action des bandes qui y sont stationnées. Dans un second chapitre, nous donnerons un exposé de l'organisation de la Piraterie au Tonkin. Nous consacrerons un troisième chapitre au récit des expéditions qui ont été effectuées dans le Yen-Thé pendant ces deux dernières années. Enfin, un quatrième chapitre contiendra nos conclusions.

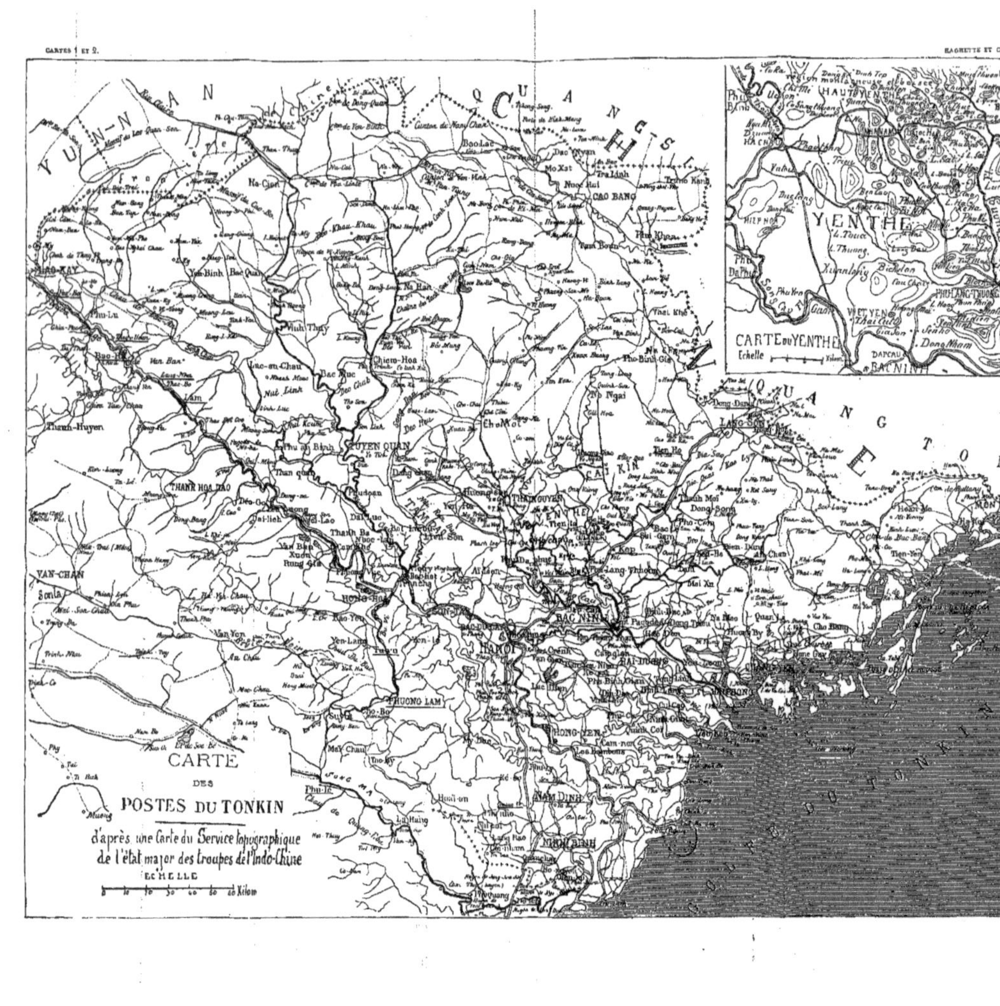

CARTES 1 ET 2.
HACHETTE ET Cie
CARTE
DES
POSTES DU TONKIN
d'après une Carte du Service topographique
de l'état major des troupes de l'Indo-Chine
ECHELLE
CARTE DU YENTHE
Echelle
YENTHE
YUN-NAN
QUANG-SI
QUANG TON
TONKIN
GOLFE DU TONKIN
CAO BANG
LANG-SON
HANOI
BAC-NINH
HAI-DUONG
NAM-DINH
NINH-BINH
HONG-YEN
THANH-HOA-DAO
VAN-CHAN

PIRATES ET REBELLES

AU TONKIN

NOS SOLDATS AU YEN-THÉ

CHAPITRE I

LE YEN-THÉ

Description du Yen-Thé. — Le Yen-Thé est cette partie du Tonkin septentrional comprise dans l'intérieur d'un immense V dont les deux branches auraient pour direction générale : à l'est, Bac-Ninh, Dap-Cau, Phu-lang-Thuong et le cours du Song-Thuong jusqu'à hauteur de Bac-Lé; à l'ouest, Bac-Ninh et le cours du Song-Cau jusqu'à Thaï-Nguyen. (Voir cartes 1 et 2.)

La ligne jalonnée par nos postes, Bo-Ha,
Luoc-Ha, Tin-Dao (actuellement Nha-Nam)
et Ha-Chau, divise le Yen-Thé en deux
régions, haut et bas Yen-Thé, qui diffèrent
essentiellement, à plus d'un titre, et notamment par les caractères physiques du sol.

La démarcation est nettement établie par
un rideau de sombre verdure qui court de
l'est à l'ouest, à mille ou quinze cents mètres
au nord de cette ligne de postes : c'est la
lisière de la grande forêt qui commence là et
se prolonge jusqu'en Chine : sorte de barrière
qui se dresse au nord et à l'ouest du Delta;
entre le haut et le bas Tonkin, et que rend
très sensible, dans la partie qui nous occupe,
un brusque relèvement du sol succédant à de
vastes étendues plates.

La partie sud du Yen-Thé ou bas Yen-Thé
est constituée en général par de grandes
plaines, fertiles, relativement salubres et
admirablement cultivées. C'est un coin du
Delta tonkinois avec ses immenses rizières,

s'étendant comme autant de verdoyants tapis sur lesquels, à l'époque torride de l'année, la vue, fatiguée par l'aveuglant éclat du soleil, se repose avec délices; c'est le Delta avec ses villages nombreux, coquettement enfouis, comme autant de villas, dans de riants massifs de bambous au feuillage dentelé et qui frissonne à la plus légère brise; avec sa population qui grouille, remarquable par son activité fiévreuse, et dont le labeur incessant est le plus impérieux des devoirs, car du rendement de chaque récolte dépend l'existence du plus grand nombre des habitants; c'est le Delta, avec ses digues étroites dont quelques-unes ont de trois à quatre pieds à peine de largeur et qui se tordent à travers les rizières, comme les replis d'un serpent, seuls sentiers par lesquels l'Européen puisse s'aventurer au milieu de ces immenses nappes d'eau et de verdure. Des buffles que l'on aperçoit en assez grand nombre, ici paissant en troupeaux auprès et sous la garde des villages;

là, disséminés dans la plaine et employés au travail des champs, dénotent chez les habitants une richesse, une prospérité, une sécurité relatives, que l'on est loin de rencontrer dans la plupart des autres parties du Delta et dont il faut attribuer la cause à l'accord qui règne entre ces habitants et les pirates de la région.

Ce qui donne en outre au bas Yen-Thé une physionomie particulièrement agréable, ce sont les quelques accidents de terrain, faiblement accentués, qui en bossellent la surface; légères ondulations du sol, mamelons herbeux ou couverts d'une végétation luxuriante, petits pitons, succession de crêtes ou de collines de vingt à trente mètres de hauteur, avec de minuscules vallées pleines d'ombre et de fraîcheur; le tout émergeant des rizières comme autant d'îlots, de nids de verdure; sites riants, dont l'aspect rompt l'uniforme monotonie, les laideurs plates qui caractérisent les plaines du reste du Delta.

Le Yen-Thé nord ou haut Yen-Thé présente un contraste frappant avec la région que nous venons de décrire : c'est une suite ininterrompue de mouvements de terrain, d'abord à faible relief, qui deviennent de plus en plus importants au fur et à mesure que l'on s'élève dans le nord. La partie qui confine immédiatement à la ligne tracée comme limite entre le haut et le bas Yen-Thé, est connue sous le nom de pays de Hu-Thuong. Ce pays est constitué par un ensemble de mamelons et de croupes, d'ordinaire à pentes raides, couverts uniformément d'une végétation d'une grande intensité; arbres géants au feuillage éternel, dont les troncs se dressent vigoureux, résistant à la violence des typhons, dont les branches massives s'entre-croisent en tous sens en d'immenses dômes de verdure sous lesquels pousse un épais taillis; le tout formant d'impénétrables massifs.

Les difficultés que l'on éprouve à se mouvoir dans ces fourrés de lianes et de broussailles qui couvrent une grande partie de la zone montagneuse du Tonkin, sont considérables : le fait suivant dont les poignantes péripéties nous ont été contées par un témoin oculaire, en fournit un exemple.

En 1889, à la suite d'un grave échec qu'elle venait de subir, une petite colonne, embarrassée par les morts et par les blessés qu'elle ramenait, battait en retraite devant une bande de rebelles bien armés et très supérieurs en nombre. L'arrière-garde, sous les ordres d'un lieutenant, composée de quelques soldats européens et d'une vingtaine de tirailleurs, vivement talonnée, harcelée, hâtait la marche pour franchir un passage dangereux que formait à ce point la forêt dans laquelle la colonne se trouvait engagée. A ce moment, un sergent indigène, qui avait commis l'imprudence de faire quelques pas hors du sentier, voulut rallier la troupe en prenant à travers bois.

Arrêté presque aussitôt par un fouillis de

lianes et d'arbustes, il fit des efforts désespérés pour se dégager : à chacun de ces mouvements, le réseau des terribles liens l'emprisonnait encore davantage. Poussant alors des appels déchirants, il supplia ses camarades de venir le délivrer. Ceux-ci l'avaient distancé d'une centaine de pas à peine : mais les pirates, poussant de grands cris, brandissant des coupes-coupes, accouraient déjà en toute hâte pour se saisir du malheureux sous-officier. Le lieutenant jugeant qu'il lui était impossible de faire rétrograder sa troupe sans risquer l'existence de la plupart de ses hommes, voyant quelques soldats hésiter, prêts à se dévouer dans un suprême mais inutile sacrifice, s'écria en couvrant la voix de l'infortuné : « En retraite! Celui qui nous appelle n'est pas un des nôtres : c'est un pirate qui veut nous attirer dans un piège! » Il cherchait ainsi à donner le change à ses hommes et à leur cacher la cruelle nécessité dans laquelle leur chef se trouvait d'abandonner un de leurs camarades à la vengeance d'un ennemi qui ne fait jamais grâce!

Ces mouvements de terrain, qui sillonnent le pays de Hu-Thuong, donnent naissance à quelques vallons, mais le plus souvent à des gorges étroites, sinueuses, n'ayant dans quelques parties que vingt à trente mètres de largeur, ici envahies par les broussailles et les hautes herbes, plus loin cultivées en maigres rizières, et, sur tous les points, se transformant aux premières pluies en fondrières, en bas-fonds impraticables; dangereux défilés éminemment propices aux embuscades et dans lesquels les colonnes qui s'y engagent, même lorsqu'elles s'entourent de toutes les mesures de prudence, sont exposées à de terribles surprises.

Dans ces bas-fonds serpente d'ordinaire un sentier, bordant presque toujours l'un des massifs boisés qui flanquent la gorge; franchissant les petits cours d'eau qu'il rencontre au moyen de deux à trois bambous jetés en travers de l'obstacle : d'autres sentiers peu nombreux, pistes de bûcherons ou coulées de fauves, s'en détachent et s'enfoncent sous bois par des trouées qui, dans la masse sombre, font l'effet d'entrées de tanières ; en dehors de ces sentiers, ce n'est que la hache ou le coupe-coupe à la main que l'homme peut pénétrer dans l'inextricable taillis.

De rares villages, foyers de fièvres, pauvres, entièrement inféodés aux pirates, tels que Lang-Thuong, Lang-Mac, Lang-Van, etc., se cachent dans les replis du terrain, si bien dissimulés dans les massifs d'arbres et dans les haies de bambous qui les enserrent, qu'il faut, pour les apercevoir, s'avancer jusqu'à leurs portes mêmes. Dans leur voisinage, quelques parcelles de terrain situées en plein bois, sommairement défrichées, plantées de thé ou cultivées en rizières, quelques chantiers de bûcherons sont les seuls indices de la présence de l'homme. Sur la lisière sud de la forêt, s'élèvent les ruines d'autres villages tels que Lang-Saï, que les habitants ont dû abandonner, dépeuplés qu'ils étaient par le tribut de chair humaine que prélevait sur eux le redoutable félin qui règne en maître dans ces contrées. Tout ce pays de Hu-Thuong, morne, où la vue est toujours bornée à faible distance, d'où la vie paraît bannie, se trouve comme sous le coup d'une perpétuelle angoisse, et présente un cachet de tristesse et de désolation qui impressionne péniblement l'esprit de ceux qui pénètrent dans ces régions.

Enfin, plus au nord, dans le lointain, au-dessus des brumes que dégagent les forêts de Hu-Thuong, apparaissent les premiers gradins du grand massif du Nui-Dong-Naï, plus connu sous le nom de Caï-Kïn ; contrée encore ignorée et pleine de mystère, insalubre, comme toutes les hautes régions, pour l'Européen aussi bien que pour l'indigène du Delta ; l'une des plus tourmentées du Tonkin, enchevêtrement de ravins, de collines, de montagnes qui abondent en cirques pittoresques et en sites d'une beauté grandiose.

Cours d'eau. — Le Song-Thuong et le Song-Cau, qui semblent enserrer le Yen-Thé dans leur cours, ont le même régime des eaux.

Leur largeur varie de cent à cent vingt mètres; leurs eaux sont limpides, s'écoulent lentement sur un sol alternativement sablonneux ou caillouteux, entre des berges à pic hautes de six à huit mètres.

Leurs rives sont bordées de haies épaisses de magnifiques bambous, s'interrompant parfois pour laisser entrevoir, dans une échancrure du feuillage, une vieille pagode aux murs jaunis, ou les toits de chaume d'un hameau annamite. Des arbres gigantesques, arbres sacrés, respectés par la hache du bûcheron, croissent superbes sur les bords, prolongeant leurs branches massives jusqu'au milieu de la rivière dont elles ombragent agréablement le lit; de leur sommet pendent, innombrables, des lianes serrées et flexibles, tachetées de liserons roses, lilas, jonquilles.

La navigation entre ces murailles de verdure, aux tons variant de la nuance la plus tendre au vert métallique, a un grand charme; mais ces parages enchanteurs sont pleins de dangers, car sur la rive attenant au Yen-Thé, la rive inhospitalière, chacune de ces touffes fleuries peut cacher un ennemi; ce qui oblige les embarcations qui fréquentent ces rivières à côtoyer la rive opposée, et les canonnières à revêtir les plaques de tôle destinées à protéger leur équipage contre les balles des pirates.

Le Song-Thuong est navigable presque en toute saison, jusqu'au poste de Bo-Ha, par des canonnières; en amont de ce point, des rapides embarrassent son lit et seuls des jonques et des sampans peuvent remonter son cours.

Le Song-Cau n'est navigable par les canonnières que jusqu'à quelques lieues au-dessus de Bac-Ninh.

Quelques affluents du Song-Thuong, de débit inégal, le Song-Soï, la rivière de Nho-Vo, le Ngoi-Sat, sillonnent le haut et le bas Yen-Thé; leur direction générale est nord-ouest, sud-est; torrents à leur naissance, descendant en étincelantes cascades des massifs montagneux, puis ruisseaux emprisonnés, dans des berges encaissées au lit embarrassé de troncs d'arbres et de rochers, coulant sous un berceau interrompu de feuillage, ils forment enfin dans le bas Yen-Thé des rivières de dix à vingt mètres de largeur, guéables sur de nombreux points, à la saison sèche, débordant dans la plaine et presque infranchissables à l'époque des crues périodiques de l'année.

Les vallées du Song-Thuong et du Song-Cau ouvrent les deux lignes principales de pénétration du Delta septentrional vers la frontière de Chine; elles sont suivies par la grande route mandarine qui va de Bac-Ninh à Phu-lang-Thuong et à Lang-Son et par la route, aujourd'hui fréquentée uniquement par les pirates chinois, qui relie Bac-Ninh à Cao-Bang, par Thaï-Nguyen.

Pendant de longs siècles, le Yen-Thé, situé au débouché de ces deux grandes voies de communication avec la Chine, a été soumis aux incessantes incursions des bandes de pirates venues du Qouang-Si grossies des montagnards habitant la région qui sépare le Yen-Thé de cette province chinoise.

De tout temps, en effet, comme cela a encore lieu de nos jours, les riches plaines du Delta ont été considérées comme un inépuisable entrepôt dans lequel les bandes de pirates établies sur tout le pourtour, comme des fauves guettant le moment propice pour fondre sur leur proie, faisaient irruption et venaient s'approvisionner de buffles ainsi que de femmes et d'enfants, bétail humain qu'elles recherchaient pour leur propre compte ou qu'elles allaient vendre aux tribus de la frontière.

Organisation défensive des villages du Yen-Thé. — Aussi, les habitants du Yen-Thé ont-ils dû, de longue date, organiser défensivement leurs villages pour résister à ces agressions sans cesse renouvelées.

Dans ce dessein, les villages de la plaine sont entourés pour la plupart d'une double ou d'une triple enceinte, constituée chacune d'une forte haie de bambous, renforcée à l'intérieur d'un mur en terre et formant un obstacle des plus sérieux; entre deux enceintes successives, s'étendent des mares profondes; des ruelles étroites, tortueuses, livrant juste passage à un buffle, divisent le village en un nombre infini d'îlots qui, à l'occasion, peuvent constituer autant de petits réduits distincts, de centres de résistance; comme accès dans l'intérieur du village, deux ou trois portes seulement, barricadées avec soin, précédées d'un couloir coudé, de quelques mètres de long, et sur lequel s'ouvrent de nombreuses meurtrières.

Les villages adossés à des mouvements de terrain sont disposés d'une manière analogue; ils sont construits généralement en amphithéâtre; une ou deux issues, ménagées sur les derrières, assurent à la population une ligne de retraite dans la partie accidentée que l'on laisse, à dessein, envahir par les bois et par les ronces; dans cette brousse sont dissimulés des sentiers, connus des seuls habitants du village, et par lesquels ces derniers s'échappent dans la plaine, quand ils jugent le moment favorable.

Le réduit principal de la défense est, comme à Lang-Sat, établi dans l'intérieur même du village, ou bien, comme à Cao-Thuong, il est construit dans la zone boisée qui l'avoisine.

Cet ensemble de dispositions assure aux habitants des villages du Yen-Thé une assez grande sécurité : il permet aux bandes de pirates, qu'elles y soient établies à demeure, ou qu'elles ne s'y trouvent que de passage, de résister contre les attaques de détachements de faible effectif, d'infliger même quelques échecs à ces derniers; enfin, il rend indispensable, pour effectuer la prise de l'un de ces villages ou leur investissement, l'emploi de colonnes munies d'artillerie.

Dès qu'elles se virent à l'abri des attaques de pirates chinois, les populations du Yen-Thé ne tardèrent pas à mettre à profit la situation privilégiée que leur donnaient la nature de leur sol et le grand nombre de points fortifiés qu'elles s'étaient ménagés, pour entreprendre à leur tour des incursions contre les habitants des provinces voisines : elles s'acquirent ainsi, de temps immémorial, une réputation de redoutables pirates qui, à l'heure actuelle, est encore pleinement méritée.

Le but ordinaire des expéditions des bandes était la rive gauche du Song-Thuong, la rive droite du Song-Cau et les riches plaines de Phu-lang-Thuong et de Bac-Ninh : pour l'exécution de leurs coups de main, celles-ci opéraient habituellement avec leurs propres moyens; d'autres fois, elles s'associaient avec les pirates chinois établis dans les environs; en outre, comme elles ne laissaient échapper aucune occasion de donner libre cours à leur goût pour le brigandage, dès qu'un prétendant, annamite ou chinois, au trône des empereurs d'Annam surgissait au Tonkin, elles lui fournissaient aussitôt leur contingent de partisans, c'est-à-dire de pillards.

Siège de Bac-Ninh par des pirates. — A une époque encore récente, la citadelle de Bac-Ninh fut, paraît-il, assiégée à deux reprises par des bandes de pirates qui ne se retirèrent qu'à l'approche d'une armée annamite, non sans avoir saccagé, au préalable, les habitations qui entourent cette place et qui forment la ville commerçante : les habitants du Yen-Thé composaient chaque fois la plus grande partie de ces bandes.

La cour de Hué, impuissante à réprimer ces mouvements de piraterie qui, par intervalles, prenaient un caractère de rébellion générale, de guerre intestine, demanda en plusieurs circonstances au gouvernement chinois l'appui de ses troupes pour effectuer la pacification du pays. Quelques milliers de réguliers chinois étaient envoyés du Quang-Si : c'étaient autant de pirates, en quelque sorte officiels, dont se renforçait l'armée annamite, et avec le concours desquels les autorités parcouraient les provinces troublées, exerçant de sanglantes représailles, pressurant les habitants au delà de toute mesure et commettant des exactions sans nombre; puis, les réguliers auxiliaires à la solde de l'Annam rentraient en Chine chargés de butin. A l'approche de ces colonnes, dites pacificatrices, qui ne laissaient après leur passage que la désolation et la ruine, les bandes du Yen-Thé se dispersaient; les hommes, cachant leurs armes dans les mares ou au plus épais des taillis, se transformaient en paisibles indigènes; seuls les chefs, accompagnés des habitants les plus compromis et des aventuriers qui constituaient le noyau de leur bande, se retiraient dans les refuges qu'ils possédaient dans les forêts de Hu-Thuong.

Il y a quelque trente ans, au cours de l'une de ces expéditions, le général qui commandait les forces annamites résolut d'atteindre ces derniers dans leurs repaires et de les anéantir. Il tenta vainement pendant plusieurs mois de les en déloger; il eut alors une idée géniale, nous dit le Quan-Huyen (sous-préfet anna-mite) duquel nous tenons ces renseignements : il réunit dans les bois de Hu-Thuong, une armée de coolies, réquisitionnée dans les provinces voisines. Au moyen de troncs d'arbres abattus, de branches et de bambous, il fit élever autour des positions dans lesquelles les pirates s'étaient retranchés, une sorte de masse couvrante, de ligne de circonvallation dont on augmenta successivement le relief, au point d'atteindre la hauteur d'une montagne, selon l'expression du même Quan-Huyen. On obtint ainsi des vues dans l'intérieur du repaire que les pirates se décidèrent, alors seulement, à évacuer.

Pour assurer l'occupation du Yen-Thé, comme aussi pour surveiller les débouchés par lesquels les pirates montagnards ou chinois pouvaient faire incursion dans cette province, le gouvernement annamite y avait fait construire plusieurs postes fortifiés.

On peut voir encore, près de Tin-Dao, l'une de ces anciennes redoutes dont un détachement de la colonne du général Brière de l'Isle s'empara, le 16 mars 1886, après la prise de Bac-Ninh, et dans laquelle furent trouvés 26 canons de bronze, des munitions et du paddy (riz non décortiqué) en grande quantité.

Nos troupes, aussitôt après ce coup de main, s'étant retirées du Yen-Thé, les bandes ne tardèrent pas à se reconstituer et à reprendre leur ancien commerce de brigandage, obligeant notamment les garnisons de Dap-Cau et de Phu-lang-Thuong à de fréquentes sorties pour dégager les environs de ces places.

Colonne du commandant Diguet dans le haut Yen-Thé. — Dans le courant du mois de décembre de l'année 1885, une expédition fut décidée contre ces bandes. Une colonne forte de 300 hommes du premier régiment étranger, d'une section d'artillerie et de quelques spahis, sous les ordres du commandant Diguet, parcourut le Yen-Thé.

Le 13 décembre, elle détruisit un campement que les pirates avaient établi dans les bois près du village de Hu-Thuong; le 18, après un vif combat d'artillerie, elle attaqua et enleva une autre position que ceux-ci avaient organisée, dans le haut Yen-Thé, près de Mona-Luong, sur un plateau dénudé, adossé à une colline boisée, position couverte, sur son front, par un ruisseau encaissé.

La leçon ne fut pas perdue pour les pirates du Yen-Thé, qui désormais choisiront l'emplacement de leur camp, non plus sur des hauteurs dénudées, mais dans des bas-fonds, dans les parties les plus couvertes, les plus inaccessibles des forêts, de manière à n'avoir pas à redouter le tir direct de l'artillerie.

Construction du poste de Tin-Dao. — A la fin du mois de décembre 1885, à la suite de la colonne du commandant Diguet, un poste militaire fut construit à Tin-Dao, à proximité de l'ancienne redoute annamite.

Pendant les années 1886 et 1887, la garnison de ce poste, quoique ne disposant que d'un effectif restreint, effectua de fréquentes sorties dans le Yen-Thé; elle détruisit notamment quelques campements pirates dans les environs de Hu-Thuong.

Tin-Dao, par sa position entre les forêts de Hu-Thuong et le Delta, constituait pour la ligne de communication des pirates qui, après chacun de leurs coups de main, regagnaient les refuges qu'ils possédaient dans ces forêts, une menace constante et si efficace que ces derniers durent changer les emplacements de ces repaires et les reporter dans le nord, dans le massif du Nui-Dong-Naï, alors occupé par le fameux chef rebelle Caï-Kïn.

A dater du mois d'octobre 1887 et pendant toute la durée de l'année suivante, d'importantes opérations furent exécutées dans le haut Yen-Thé, avec Tin-Dao pour base. Leur objectif principal était : 1° la reconnaissance des sentiers reliant le Yen-Thé à Pho-Binh-Gia, sentiers fréquemment suivis par les convois de pirates chargés de conduire à la frontière de Chine les femmes et les enfants volés par les bandes du Yen-Thé; 2° la reconnaissance des sentiers qui, se détachant de ces voies de communication, donnent accès dans le massif du Nui-Dong-Naï que nos colonnes avaient vainement tenté d'aborder par la partie orientale. C'est au cours de l'une de ces opérations que mourut le colonel Dugenne, de la rupture d'un anévrisme, à quelques kilomètres au nord de Tin-Dao.

Construction du poste de Bo-Ha. — Pour des motifs d'ordres divers, difficultés de ravitaillement, insalubrité du pays, et pour donner satisfaction au désir exprimé par un chef indigène influent qui demandait instamment la création d'un poste près de sa résidence, au mois de février 1889, le poste de Tin-Dao fut transféré sur le Song-Thuong, à Dao-Quan, et devint le poste de Bo-Ha [1].

Dégagés de toute préoccupation pour leur ligne de retraite, les pirates du Yen-Thé recommencèrent aussitôt la série de leurs déprédations dans les environs de Phu-lang-Thuong.

1. Ce chef indigène, ancien chef d'une bande de pirates, s'était entièrement rallié à notre cause, dès les premiers moments de notre occupation du Tonkin ; marchant avec nos colonnes, combattant à nos côtés, il avait ainsi donné en mainte circonstance des témoignages de son dévouement aux Français.

Par une bizarrerie d'esprit de nos troupiers qui se plaisaient, à la même époque, à doter deux de leurs chefs des surnoms de *mann mann* (celui qui va prudemment), et de *maolen* (celui qui va vite), cet indigène fut surnommé par eux le « Commandeur de Dao-Quan », nom qui lui est resté et sous lequel il est encore désigné aujourd'hui, même dans les correspondances officielles.

Un poste avait été construit à Ha-Chau, comme poste intermédiaire sur le Song-Cau, entre Bac-Ninh et Thaï-Nguyen; mais, en raison de sa position excentrique par rapport au Yen-Thé, ce poste, qui ne disposait au reste que d'un faible effectif, ne put point y exercer d'action efficace.

Un poste de garde civile [1] avait été également établi à Bi-Noï, au cœur du Yen-Thé; la garnison de ce poste ayant voulu aller attaquer une bande de pirates établie au village de Lang-Sat, fut ramenée si vivement qu'elle renonça pour longtemps à se mesurer de nouveau avec ses seules forces avec ces derniers.

Opérations du capitaine Gorce dans le Yen-Thé, en 1889. — Le 26 août 1889, le capitaine Gorce, de l'infanterie de marine, est envoyé de Bac-Ninh à Ha-Chau, avec mission

1. Sorte de milice, de troupe dite de police, placée directement sous les ordres de l'administration civile, en Indo-Chine, et dont l'effectif dépasse douze mille hommes pour toute la colonie.

de diriger de ce poste des reconnaissances sur les différents points du Yen-Thé occupés par les pirates.

Le 28 août, cet officier se porte avec 88 fusils sur Tin-Dao : quand il veut en déboucher pour prendre le chemin de Phu-Moc, il trouve devant lui une forte bande de pirates établie sur plusieurs mamelons et lui barrant le sentier : cet officier déloge les pirates d'une partie de leurs positions; puis, ne voulant pas s'engager à fond, il se replie sur Tin-Dao et, le soir même, rentre à Ha-Chau : cette affaire lui avait coûté cinq hommes blessés.

Le 6 septembre, nouvelle marche de la petite colonne sur Tin-Dao qu'elle trouve occupé par les pirates : la colonne s'en empare après un petit engagement. Quand elle reprend le chemin de Ha-Chau, elle est cette fois accompagnée par l'ennemi qui l'attaque, à différentes reprises, avec un acharnement et une audace qui dénotent que ce n'est plus contre de vulgaires pillards, mais bien contre des bandes régulières que nos soldats auront désormais à lutter.

Le 10 septembre, reconnaissance sur Lang-Sat : à l'approche de la troupe, le tam-tam du village bat le rappel ; les cornes sonnent le ralliement des guerriers. Le village est fortement occupé par l'ennemi ; du nord et de l'est d'autres bandes accourent au secours des défenseurs. Les abords de la position reconnus, la colonne rentre à Ha-Chau où, quelques jours après, elle reçoit des renforts envoyés de Bac-Ninh.

Attaque et prise du village de Lang-Sat. — Le 17 septembre, la colonne forte de 136 fusils, d'une pièce d'artillerie servie par 23 artilleurs ou conducteurs, d'un peloton de 30 spahis tonkinois, et renforcée par une soixantaine de gardes civils, se concentre à Bi-Noï, d'où elle repart le lendemain pour marcher sur Lang-Sat avec mission de s'emparer de cette localité.

L'attaque commence à six heures du matin ;

l'ennemi laisse la première ligne s'engager dans le village, sans tirer sur elle un coup de fusil ; les portes des deux premières enceintes sont brisées, à l'aide de cartouches de dynamite ; en arrivant devant la troisième enceinte, l'assaillant est reçu par un feu très vif qui l'oblige à se replier. L'attaque est renouvelée sur un autre point du village où un détachement réussit à prendre pied, ce qui décide de la retraite des pirates.

Le peloton de spahis tonkinois, sous les ordres du sous-lieutenant de Ségur d'Aguesseau, avait été chargé, au cours de cette attaque, de couper à l'ennemi sa retraite sur Tin-Dao ; ce jeune et vaillant officier soutint avec la moitié de son peloton, pendant une demi-heure, un vif engagement à pied, contre un groupe de pirates qui s'était résolument porté à sa rencontre ; pendant ce temps, sur un autre point, le maréchal des logis Delahaye, avec le reste du peloton de spahis, repoussait, à la suite d'un autre combat à pied, dans lequel ce sous-officier trouvait la mort, une attaque dirigée contre le convoi de la colonne par un fort parti ennemi, accouru d'un village voisin.

Nos pertes étaient de deux tués et de trois blessés.

Le 26 septembre, la colonne, après avoir visité un certain nombre de villages de la région de Tin-Dao et dispersé quelques petits groupes de pirates qui tenaient encore la campagne, rentra à Bac-Ninh.

Engagement du lieutenant Meyer contre la bande de Doï-Van. — Sur ces entrefaites, se produisit la défection de Doï-Van, chef pirate redouté du Bay-Say, qui, quelques mois auparavant, avait fait sa soumission à Hanoï, en grand apparat, avec sa bande, et venait de s'enfuir en emmenant avec lui 200 hommes pourvus, par nos soins, de fusils à tir rapide.

Dans une proclamation qu'il adressait aux habitants de la province de Bac-Ninh, Doï-

Van déclarait qu'il avait feint une soumission pour pouvoir mieux étudier l'organisation et la tactique des troupes françaises, afin d'être assuré de les battre quand le moment serait venu de chasser les barbares occidentaux du Tonkin. Doï-Van annonçait que cette heure avait sonné et il assignait comme point de ralliement à ses fidèles, les bois de Hu-Thuong où il se rendait pour demander le concours des bandes du Yen-Thé avec lesquelles, de longue date, il entretenait des intelligences [1].

Pendant cette marche, Doï-Van trouva l'occasion de mettre en pratique les connaissances militaires qu'il venait d'acquérir au service des Français. En approchant de Lang-Laï, village du Yen-Thé, on lui signala la

---

1. Le fait suivant donnera une idée du prestige que possèdent certains chefs pirates auprès des indigènes.

Un pirate fut fait prisonnier, quelques semaines après, à Hu-Thuong, par des spahis tonkinois. Interrogé, il répondit avec la certitude que sa déclaration serait son arrêt de mort : « Oui, je fais partie de la bande de Doï-Van ; je suis un notable d'un village des environs de Bac-Ninh ; Doï-Van ayant fait un appel aux armes pour combattre les Français, mon devoir était tout tracé : je suis allé me placer sous ses ordres ».

présence, dans la plaine, de quelques soldats qui, à la vue de sa bande, prirent la fuite et se replièrent sur une pagode qui se trouvait à proximité.

Ces hommes appartenaient à un détachement qui, sous les ordres du lieutenant Meyer, de la légion étrangère, regagnait Phu-lang-Thuong. Cet officier, en apercevant au loin une bande de pirates, avait disposé sa troupe dans cette pagode, ne laissant au dehors que quelques hommes qui venaient de simuler une fuite pour attirer ces derniers à leur poursuite.

Doï-Van fractionna sa bande en chaîne, soutien et réserve selon les principes de la tactique européenne, et marcha contre la pagode qu'il croyait faiblement occupée. Arrivée à moins de deux cents mètres de l'édifice, sa première ligne fut reçue par quelques feux de salve.

L'ennemi s'élança alors sans hésiter à l'assaut de la position; les légionnaires se démasquèrent et commencèrent un feu rapide. Les pirates voyant qu'ils étaient tombés dans un piège se retirèrent précipitamment en laissant une vingtaine des leurs sur le terrain.

Au milieu des pirates, on avait distingué une jeune femme, à cheval, luxueusement vêtue et qui, armée d'une carabine, encourageait les combattants; c'était la favorite de Doï-Van, qui suivait le chevaleresque pirate dans toutes ses expéditions, combattait à ses côtés, et qui, quelques semaines plus tard, lorsque celui-ci fut jeté dans la prison de Bac-Ninh, poussa le dévouement jusqu'à demander à partager son sort.

Nouvelles opérations dans le Yen-Thé. — Le 6 octobre 1889, une colonne forte de 400 fantassins, d'une section d'artillerie et de l'escadron de spahis tonkinois dont l'effectif avait été porté à 100 chevaux, était envoyée, sous le commandement du chef de bataillon Dumont, à la poursuite de Doï-Van, dans le haut Yen-

Thé ; elle occupa Tin-Dao, Dinh-Tep, Hu-Thuong, sans rencontrer de résistance.

Une deuxième colonne, forte de 250 hommes, sous les ordres du chef de bataillon Picquet, sillonnait de son côté le bas Yen-Thé, pour couper la retraite à Doï-Van, au cas où celui-ci tenterait de rentrer dans le Bay-Say. En même temps, une autre colonne dite *de police*, à la tête de laquelle était placé le Kham-Saï [1], occupait les passages du Song-Cau, de Gam à Phu-lang-Thuong.

Doï-Van, ne trouvant pas dans les bandes du Yen-Thé le concours sur lequel il avait compté ; inquiété par les mouvements des troupes qui sillonnaient le pays dans tous les sens, à sa recherche ; miné par les fièvres qu'il avait contractées dans les bois de Hu-Thuong et qui décimaient également sa bande, se glissa, accompagné par trois à quatre hommes seulement, entre les colonnes et vint se

1. Envoyé spécial du roi d'Annam, disposant de pouvoirs extraordinaires.

cacher dans un village catholique des environs de Bac-Ninh. Quelques jours après, il se rendait, était transporté dans une cage, comme une bête féroce, à Hanoï, où il était décapité en place publique.

L'objectif des colonnes étant atteint, la dislocation allait être ordonnée. A ce moment, le colonel Frey qui commandait, par intérim, la 2e brigade, ayant reçu avis qu'un campement de pirates fortement retranché était établi près de Hu-Thuong, prit la direction des opérations.

L'existence de ce campement avait déjà été signalée aux colonnes qui l'avaient en vain fait rechercher par leurs reconnaissances ; il n'avait pas été possible d'obtenir auprès des maires des villages, pas plus qu'auprès des habitants, d'indication sur son emplacement. Bien plus, l'offre si alléchante pour un indigène, d'une forte somme d'argent, n'avait pu décider aucun d'eux, même un coolie qui vit misérablement et presque au jour le jour, à donner le moindre renseignement sur ce point. A la fin, un pirate prisonnier consentit, sur la promesse de la vie sauve, à parler et à servir de guide.

Destruction d'un campement de pirates établi dans les bois de Hu-Thuong. — La colonne remonta alors dans le haut Yen-Thé; l'un de ses détachements, commandé par le sous-lieutenant de Ségur d'Aguesseau, surprit et brûla un camp fortifié situé dans la forêt et servant d'asile à plusieurs centaines d'habitants qui prirent la fuite à son approche. D'autres reconnaissances explorèrent les bois de Hu-Thuong, dans des directions diverses, chassèrent devant elles quelques pirates isolés, mais ne purent découvrir d'autres refuges; les troupes rentrèrent alors à Bac-Ninh.

Avant de continuer le récit des importantes opérations exécutées par nos colonnes dans le Yen-Thé, pendant les années 1890 et 1891,

nous pensons qu'il ne sera pas sans intérêt
de donner quelques renseignements sur l'organisation générale de la piraterie, au Tonkin,
afin de faire connaître l'ennemi contre lequel
nos troupes ont eu et auront sans doute longtemps encore à lutter dans cette colonie.

CHAPITRE II

LA PIRATERIE AU TONKIN

Avant de commencer cet exposé de l'organisation de la piraterie dans notre colonie d'Extrême-Orient, et pour être compris du lecteur, il nous paraît bon de l'avertir qu'en Indo-Chine l'Européen confond indifféremment sous cette appellation de « pirate », non seulement les maraudeurs, les détrousseurs de grands chemins, les contrebandiers, aussi bien que les aventuriers de tout ordre qui, cédant à l'appât d'une vie vagabonde, et défiant l'impuissance des lois, exercent leurs déprédations, par bandes armées, sur terre, sur la côte, ou dans les fleuves du Tonkin; mais encore les indigènes qui, insurgés contre la domination française, luttent pour reconquérir l'indépendance nationale.

Pour les Annamites, le mot de « pirate » a également cette acception générale. Est pirate quiconque vit ou s'enrichit aux dépens d'autrui; et l'aventurier, aussi bien que l'administrateur français qui perçoit, au lieu et place du gouvernement annamite, un impôt, si régulièrement et si équitablement établi qu'il soit; et qu'enfin le chef de bande chinois qui frappe de contributions les habitants de la région dans laquelle il est établi, où il règne en maître incontesté de longue date, sont des pirates au même titre.

Le nombre d'Annamites et de Chinois qui se livrent à la piraterie, au Tonkin, est considérable. Aussi bien, le goût de rapine et de pillage revêt, dans notre colonie d'Extrême-Orient, ce caractère particulier qu'il est dans les mœurs et comme dans le sang de la race. Du grand au petit, pressurer, spolier, en un mot, *pirater* l'inférieur ou le voisin, sont, chez l'indigène, des actes d'une pratique constante et pour lesquels la loi annamite n'a pas cru devoir se montrer d'une sévérité excessive, car le crime de piraterie n'est puni de la peine capitale qu'à la deuxième récidive.

Pour l'exposé de cette étude, nous avons divisé le territoire tonkinois en trois grandes zones correspondant aux différents modes de composition et d'organisation des bandes de pirates : 1° zone du Delta central qui ne comprend que des bandes annamites; 2° zone des régions limitrophes du Delta où opèrent des bandes mixtes composées d'Annamites et de Chinois; 3° zone des hautes régions qui ne comprend que des bandes chinoises fixées à demeure ou bien des pirates chinois qui viennent, à des périodes déterminées, y faire des incursions.

I. — LE DELTA

Dans le Delta central, c'est-à-dire, pour bien fixer les idées, dans les provinces de Hanoï, de Hung-Yen, de Haï-Duong, de Nam-Dinh; dans la partie méridionale des provinces de Quang-Yen, de Bac-Ninh; dans la plus grande partie de celles de Sontay, de My-Duc et de Ninh-Binh, les bandes se composent exclusivement d'Annamites.

Elles se recrutent parmi les ennemis irréconciliables de notre occupation, mécontents de tout ordre, déclassés, tirailleurs ou miliciens libérés du service ou déserteurs, à qui la vie de pirate, malgré les dangers qu'elle présente, paraît cent fois préférable à l'existence de coolie corvéable et taillable à merci, qui les attend à leur retour dans leurs foyers; et enfin parmi les mauvais sujets des villages, au nombre desquels les pirates sont toujours assurés de trouver des guides pour leurs entreprises dirigées contre les propres villages de ces derniers.

A l'exception de quelques-unes, ces bandes ne sont en général ni permanentes, ni solidement organisées; mais elles sont très nombreuses. On n'en compte pas en effet moins de 250, grandes ou petites, dans le Delta même [1] : les unes ne possèdent que quelques fusils ; d'autres peuvent en réunir, au moment d'une opération, trente, quarante à tir rapide, et même davantage. Chacun des pirates qui composent ces bandes est en outre assisté d'autres indigènes, armés et équipés à la manière des anciens soldats de l'Annam, de lances, de massues, d'arcs, de boucliers, et spécialement

1. D'après les missionnaires, le nombre des bandes de pirates s'élèverait à 300 pour tout le Delta tonkinois ; ce nombre comprend, bien entendu, aussi bien les bandes dites permanentes que les bandes dites temporaires : on désigne particulièrement sous cette dernière dénomination de petits groupes de pirates résidant dans les villages et qui se livrent à la piraterie locale : coups de main contre les villages voisins, contre les marchés, pillage de jonques, etc. Pour montrer que ce chiffre n'est pas exagéré, nous nous bornerons à indiquer que dans la seule petite circonscription régionale du Yen-Thé, on comptait, en 1890, une vingtaine de ces petites bandes.

affectés à l'enlèvement des morts et des blessés sur le champ de bataille et au transport du butin conquis.

Si l'on considère qu'en dehors d'un petit nombre de villages privilégiés, qui ont reçu l'autorisation de se pourvoir de quelques fusils pour leur défense, tous les autres n'ont pour toute protection que l'épaisseur des haies qui les entourent, et, pour toute armé, que de petits couperets dont les règlements annamites fixent les dimensions d'une manière rigoureuse, ou de longs bambous auxquels ces mêmes règlements interdisent d'adapter le moindre fer de lance, l'on conçoit aisément les dangers dont les populations sont sans cesse menacées par le voisinage de l'une de ces bandes, et aussi les inquiétudes, les transes mortelles, les perpétuelles angoisses dans lesquelles l'indigène passe une partie de son existence.

En règle générale, ces petites bandes procèdent par intimidation. Un beau matin, sans qu'ils sachent comment le fait s'est produit, les gens d'un village trouvent, à leur réveil, affiché en pleine place publique, un écrit d'un chef pirate, les invitant à aller déposer, dans un délai fixé, en un lieu désigné, une somme de 400, de 500, de 1 000 francs ou des sommes plus importantes, selon la richesse présumée du village : c'est un habitant, affilié aux pirates, qui a apporté et clandestinement affiché ce message. Ou bien, c'est une bande qui, à la chute du jour, se réunit à un signal convenu, et vient s'établir dans quelque pagode, à cent ou deux cents mètres du village. Un pirate, à l'aide d'un porte-voix, hèle les habitants, et leur adresse une sommation analogue, les menaçant, en terminant, des plus épouvantables calamités s'ils n'y obtempèrent pas immédiatement.

Aussitôt, au milieu de l'émoi général, les notables s'assemblent. Si le village n'a aucun secours à attendre de nos postes, en raison de leur éloignement, si ses moyens de défense ne lui laissent aucun doute sur l'issue fatale de la lutte à laquelle il s'expose, quelques vieillards, victimes résignées, avec un dévouement qui **leur** coûte quelquefois la vie, vont s'aboucher avec les **pirates**, pour parlementer et tenter d'obtenir quelque adoucissement aux conditions imposées. La contribution payée, pour cette fois encore, le village est sauvé d'une mise à sac, c'est-à-dire de la **ruine** complète.

Si celui-ci a confiance dans sa **force**, si la contribution exigée est trop considérable, les habitants se préparent à la résistance. Parfois les pirates se décident alors à tenter, sur l'instant, une attaque de vive force; et ce doit être un spectacle étrange et bien lamentable que celui de ces luttes corps à corps, rappelant les combats des guerres antiques, livrées, dans l'horreur de la nuit, par des adversaires implacables et cruels et que terminent le plus souvent l'incendie et des tueries sans merci, destinées à porter la terreur parmi les populations de la région. Du côté des assaillants, des bandits, poussés par l'appât du pillage, lancent à la main, sur les cases les plus rapprochées, des fusées incendiaires que les Annamites excellent à fabriquer pour ces sortes d'entreprises; tirent des coups de fusil sur un point de la lisière pendant qu'un autre parti, à coups de coupes-coupes, abat une porte ou se fraie un passage dans la haie, sur la lisière opposée; du côté de la défense, des hommes de tout âge, affolés, courant d'un point à l'autre de l'enceinte, s'efforçant de repousser les pirates : ici, à coups de bâton; là, en les piquant au moyen de perches appointées de sept à huit mètres de longueur, ou en jetant sur eux, en guise de projectiles, tout ce qui leur tombe sous la main; plus loin, cherchant à démoraliser l'ennemi en lui faisant croire, par l'éclatement de gros bambous bourrés de poudre et de ferraille, imitant le bruit des caronades, qu'ils disposent d'armes à feu redoutables; et enfin, dominant tout ce vacarme, les cris des animaux, les clameurs des femmes, ramassant dans une hâte

fébrile ce qu'elles ont de plus précieux, et courant chercher un refuge dans la pagode consacrée aux génies tutélaires du lieu, où, pressées
les unes contre les autres, effarées, tremblantes,
elles attendent dans une inexprimable anxiété
le résultat de cette lutte dans laquelle se joue
leur existence.

Toutefois, le plus souvent, pour ne pas
s'exposer à un échec, la bande remet son
attaque à une occasion plus favorable dans
laquelle elle pourra agir par surprise, après
avoir, si cela paraît nécessaire, requis le concours de bandes voisines. Le village pris, il
est alors pillé, puis brûlé de fond en comble,
et les habitants saisis sont massacrés, afin de
frapper, par ces exécutions exemplaires, les
habitants des autres villages qui seraient tentés
de faire de la résistance.

Si, isolées, ces bandes ne constituent pas
un danger pour les postes de gardes civils qui
couvrent le Delta et auxquels est réservée la

pacification de cette partie du Tonkin, lorsque plusieurs se réunissent ou concertent leurs opérations, elles sont alors capables d'empêcher toute sortie des garnisons de ces postes, de tenir la campagne, et d'infliger parfois de graves échecs aux détachements qui sont envoyés contre elles. A l'approche de fortes colonnes, elles se dispersent ou passent dans une région voisine, pour revenir bientôt sur le théâtre habituel de leurs opérations dès que ces colonnes se sont retirées.

L'action incessante, funeste de ces bandes, jointe à celle de la piraterie locale, exercée par de petits groupes de pillards, de détrousseurs, dont le nombre augmente encore avec une mauvaise récolte ou avec un relâchement dans la surveillance de la police provinciale, sont une cause permanente de désarroi, de troubles et d'entraves dans le fonctionnement régulier de notre protectorat.

Loin de nous aider en effet dans notre œuvre

de pacification, nombre de fonctionnaires annamites de cette partie du Delta favorisent tout
au contraire les menées de ces bandes. Beaucoup d'entre eux n'acceptent qu'à regret notre
tutelle, et leur intérêt du moment peut bien
quelquefois les pousser à nous témoigner
quelque dévouement; mais ces démonstrations
passagères ne doivent nous laisser aucun
doute sur leurs véritables sentiments à notre
égard. Nous sommes toujours, à leurs yeux,
ces barbares occidentaux, ces chiens d'étrangers dont il est question à tout propos dans
les proclamations des rebelles.

L'hostilité nullement déguisée que certaines
autorités chinoises, par exemple celles de la
frontière du Quang-Ton, manifestent contre
notre occupation, en laissant publiquement
s'organiser, chez eux, à quelques centaines
de mètres de nos places, des bandes destinées
à attaquer ces dernières ou à faire incursion
sur notre territoire; la crainte de représailles
dont ceux qui se compromettent pour notre

cause seraient l'objet au cas d'une évacuation que Chinois et Annamites proclament sans cesse imminente; le spectacle de notre impuissance à débarrasser le pays de cette piraterie qui le mine et le ronge comme une plaie cancéreuse; enfin la faiblesse actuelle de nos effectifs, les revers essuyés par quelques-uns de nos postes ou de nos détachements, sont d'ailleurs autant de raisons pour que nous n'apparaissions pas aux yeux des Annamites comme les possesseurs incontestés de ce sol sur lequel nous nous sommes péniblement établis.

Si l'on ajoute à ces causes diverses la fourberie, l'insatiable cupidité de certains fonctionnaires indigènes qui poussent l'impudence jusqu'à pactiser avec les pirates, en vue de faire effectuer dans les villages les plus riches de leur circonscription administrative des razzias dont ils partagent avec ceux-ci les bénéfices; si l'on considère qu'en raison du contact constant des bandes avec les villages dans

lesquels ces derniers séjournent en perma-
nence, tandis que nos détachements ne font
qu'y passer, les habitants sont disposés par
goût, ou sont contraints à prêter aux pirates
l'aide qu'ils nous devraient et qui nous serait
indispensable pour la bonne exécution de nos
expéditions, l'on aura un aperçu des difficultés
que rencontre notre œuvre de pacification dans
le Delta même.

Ces difficultés ne sont pas d'un ordre insur-
montable; leur solution réside, à notre avis,
dans l'application d'un ensemble de mesures
administratives et militaires dont nous nous
bornons à indiquer les plus urgentes. Répression de la piraterie dans le Delta confiée à
l'armée, selon un plan établi par elle et à l'exécution duquel doivent concourir les efforts de
tous : civils, militaires et marins ; comme conséquence, augmentation de l'effectif des troupes
européennes et indigènes ; établissement d'un
réseau serré de postes militaires, commandés
par des officiers et reliés par des communica-

tions télégraphiques ou téléphoniques, en attendant la construction, avec le temps, de bonnes voies de communication; augmentation du nombre de canonnières dont le rôle est et peut devenir encore plus efficace dans le Delta.

Placer à la tête des différentes administrations indigènes des mandarins de confiance, soumettre leurs actes à un contrôle sévère; une fois la tranquillité rétablie, les rendre personnellement responsables du maintien de l'ordre dans leurs circonscriptions.

Exonérer d'une partie des charges, et pour le temps nécessaire, certaines régions depuis longtemps troublées, dénuées de ressources et dont les habitants ne paient l'impôt que sous la pression des baïonnettes et au prix des plus durs sacrifices [1].

1. Entre autres mesures de détail propres à enrayer la piraterie locale, nous signalons la suivante : marquer d'une estampille particulière tous les buffles et tous les bœufs d'un même village. On ne verrait plus alors, comme cela se pratique chaque jour sur bien des points du Tonkin, des pirates transformés en paisibles commerçants,

Par ces mesures, on assurera aux villages une protection réelle et constante, et l'on pourra alors exiger des habitants qui, à bon droit, se tiennent aujourd'hui dans une prudente réserve, des renseignements précis sur les mouvements, sur les forces des pirates, sur le pays, sur les voies de communication, etc.

Dans cette œuvre de pacification, à l'opposé de ce qui se produit dans la plupart des pays musulmans, où les missionnaires, en raison de la haine que leur voue l'élément indigène fanatisé par les prédictions des marabouts, sont parfois une cause d'embarras plutôt qu'une aide pour l'administration, ceux-ci peuvent, au Tonkin, être de précieux auxiliaires, par la connaissance approfondie qu'ils ont du pays; par leur autorité sur les habitants des villages chrétiens; par l'influence qu'ils exercent sur la population qui, dans un

vendre en plein marché à des Européens ou à d'autres indigènes un troupeau qui a été pillé la veille dans un village situé à deux ou trois lieues de là.

large esprit de tolérance religieuse, ne voit en eux que les ministres d'un culte qui a droit à leur respect au même titre que les autres cultes, et enfin par le dévouement avec lequel nombre d'entre eux servent les intérêts de la France.

« Que l'on en soit bien convaincu, nous disait l'un d'eux, l'Annamite est conscient du juste et de l'injuste; c'est un grand enfant qu'il faut traiter avec douceur et qui est susceptible de reconnaissance pour ses bienfaiteurs. Sévère envers les grands, bienveillant envers les petits, telle doit être la règle de conduite du gouvernement français à l'égard de l'indigène. Quand sa sympathie et sa confiance seront gagnées à la cause française, on obtiendra avec deux cents soldats des résultats que l'on ne peut obtenir aujourd'hui avec deux mille et si, à la suite d'un événement quelconque, des armées ou de fortes bandes chinoises menaçaient le Tonkin, les Français seraient assurés d'en venir aisément à bout avec le concours du peuple annamite. »

II. — ZONE DES RÉGIONS LIMITROPHES DU DELTA

Les bandes établies dans cette zone sont également nombreuses ; les plus importantes sont celles qui opèrent dans le Loch-Nam, dans les massifs au nord de Quang-Yen, de Dong-Trieu, dans le Bao-Day, le Tam-Dao, au nord de Cho-Chu, de Cho-Moï, dans les environs de Hung-Hoa, de Thaï-Nguyen, etc. : c'est à cette catégorie que se rattachent les pirates du Yen-Thé.

Ces bandes sont presque toutes mixtes, c'est-à-dire composées d'Annamites et de Chinois, la proportion de Chinois variant selon les lieux et les circonstances. Régulièrement constituées à la mode annamite, en sections, compagnies, bataillons, en armées même, pompeusement dénommées par eux : armée d'avant-garde, d'arrière-garde, de l'aile droite de l'Armée Fidèle, elles possèdent un noyau permanent, aguerri, discipliné, tenu en haleine par d'incessantes incursions et auquel viennent s'adjoindre, à l'appel du chef, des contingents fournis par les villages de la région. Leur effectif, qui est en moyenne de 200 à 300 hommes chacune, peut ainsi arriver à atteindre, dans certains cas, près d'un millier d'hommes dont la moitié dispose de fusils à tir rapide ; le reste est armé de fusils à piston, de fusils muongs, à mèche, du modèle de nos anciennes arquebuses, d'arbalètes lançant des flèches empoisonnées, de coupes-coupes, etc.

Pour donner à leurs bandes l'apparence de troupes régulières, la plupart des chefs ont adopté pour leurs hommes un uniforme approprié aux conditions de l'existence qu'ils mènent et de la guerre d'embuscades qu'ils font à nos détachements. L'uniforme du pirate chinois se rapproche sensiblement de celui du soldat régulier du Quang-Si. Il consiste en une blouse en étoffe de couleur bleue, en soie ou en indienne, selon la qualité du pirate, et

descendant jusqu'à mi-cuisse; pendant la saison froide, une deuxième blouse doublée de
ouate est portée sous la première. Ce vêtement
est serré à la taille par une large ceinture
rouge, en étoffe ou en cuir, disposée de
manière à servir de cartouchière. Le pantalon,
court, s'arrête au-dessus du genou; une bande
de forte toile grise enroulée autour des jambes
protège ces dernières contre les ronces et
contre les épines; pour chaussure, de solides
espadrilles nouées au-dessus de la cheville.
Ce costume est complété par un large chapeau
de paille, doublé d'une étoffe verte à l'intérieur et retenu par une jugulaire; quand
l'homme court ou lorsqu'il épaule son arme
pour tirer, il rejette le chapeau complètement
en arrière, sur le dos. Comme armement, un
fusil à canon court, que le Chinois porte
d'ordinaire, dans les marches, en travers sur
les deux épaules, les bras élevés, une main
appuyée sur chacune des extrémités de l'arme;
enfin à la ceinture, le traditionnel coupe-

coupe, ou, pour les chefs, un revolver. Chaque bande possède un certain nombre de bannières portant la devise : « Pour Ham-Nghi, roi d'Annam ».

Les pirates annamites de ces grandes bandes ont adopté un costume analogue ; le chapeau est remplacé par un turban de couleur foncée, fortement serré à la tête ; de plus, au lieu du chignon, la coiffure nationale, nombre d'entre eux portent la queue, à la mode des Chinois, avec l'intention de bénéficier, auprès des autres Annamites, du prestige dont ces derniers jouissent auprès des populations tonkinoises. Quelques bandes possèdent, en outre, un certain nombre d'uniformes de miliciens, de tirailleurs tonkinois, parfois même d'officiers, que les pirates endossent lorsqu'ils veulent agir par surprise, de jour, contre un village ou contre l'un de nos détachements.

En opération, pirates annamites ou chinois ne se chargent pas de vivres ; c'est aux hameaux qu'ils traversent ou dans lesquels ils séjournent qu'incombe le soin de pourvoir à leur subsistance; dans ces conditions, ces bandes acquièrent dans leurs mouvements une mobilité surprenante, grâce à laquelle elles peuvent se mettre rapidement hors de l'atteinte de nos colonnes.

Les chefs de ces bandes mixtes sont : 1° soit des Annamites rebelles, tels que Doc-Tich, Caï-Kïn, Dé-Than, Dé-Nam, Doc-Nhoch, etc. ; 2° soit des pirates de profession : Chinois expulsés de leur pays et qui sont venus s'établir, sans esprit de retour, dans cette zone bien avant notre arrivée au Tonkin, tels que Luong-Tam-Ky[1]; métis de Chinois et de femmes annamites, comme Baky; ou enfin Chinois, tels que Luuky, qui viennent n'y résider que temporairement, pour s'y livrer à des opéra-

1. « Je suis un homme d'humble condition, écrivait en 1890 le chef pirate Luong-Tam-Ky au commandant de Thaï-Nguyen, au moment où il faisait ses ouvertures de soumission; j'habite le Tonkin depuis de longues années : aussi, à cette heure, je ne suis qu'un étranger pour mon pays où il me serait impossible de retourner, je ne puis que demeurer ici où j'ai toujours vécu.... »

tions commerciales d'échanges d'objets de contrebande contre des femmes et des enfants,
d'un écoulement facile dans les provinces méri-
dionales de la Chine.

On a comparé non sans quelque justesse
tous ces chefs de bandes à des seigneurs féo-
daux; comme ces derniers, en effet, chacun
d'eux possède une zone territoriale, un véritable fief, dans lequel son autorité est incontestée, où il perçoit régulièrement un impôt,
sagement calculé de manière à tirer des populations tout ce qu'elles peuvent donner sans
toutefois les accabler par de trop lourdes
charges; — ce qui aurait l'inconvénient de les
exaspérer et de tarir en même temps la source
de sa propre richesse.

De son côté, le chef pirate, se substituant
dans l'exercice des fonctions publiques aux
mandarins royaux, assure la police de la contrée, y rend la justice, et protège les villages
contre les entreprises des autres bandes. Nos
détachements ont surpris des correspondances

échangées entre chefs de bandes, dans lesquelles ces derniers, en se traitant réciproquement d'Excellences et de Messeigneurs, réclamaient et obtenaient la reddition de femmes et de buffles volés à un village ami par une bande voisine.

Pour augmenter leurs ressources et se procurer les femmes et les buffles nécessaires à leur commerce d'échange, les bandes exercent leurs déprédations dans une zone commune, qui comprend les villages ayant refusé d'obtempérer à leurs réquisitions, et en particulier ceux des environs de nos postes et des grandes villes.

Annamites ou Chinois, qu'ils luttent pour l'indépendance nationale ou simplement pour l'existence, tous ont le soin de légitimer leur établissement et les charges qu'ils imposent aux habitants, en s'attribuant un mandat de la cour d'Annam ou de l'empereur de Chine. Il n'est pas rare de voir, affichés sur les places publiques des villages, des écrits rédigés dans le style du placard suivant, qui a été trouvé dans un hameau près de Cho-Moï :

Phung-Dang-Phu (Baky), Dé-Doc (général) de l'armée de Thaï-Nguyen, aux habitants de cette région.

Depuis que les barbares français ont envahi le Tonkin, les indigènes sont en butte à des exactions sans nombre.

La cour royale nous a donné des troupes pour effectuer la pacification de la région et assurer la protection des fidèles sujets.

Pour nous permettre de remplir le mandat royal, les habitants doivent fournir à nos troupes l'argent, les vivres et les corvées nécessaires pour assurer leur subsistance.

En conséquence, dorénavant, ils obtempéreront aux demandes de vivres et coolies faites par les détachements qui seront munis d'une autorisation revêtue de notre sceau ; ils devront refuser toute autre demande de réquisitions qui ne se trouverait pas dans ces conditions....

Fait le 13 du sixième mois de la cinquième année du roi Ham-Nghi.

Chaque bande s'est construit dans la partie la plus difficile, la plus inaccessible de la région qu'elle occupe, un repaire dans lequel sont établis son dépôt principal d'opium, de munitions, de vivres ; ses ateliers de réfection de cartouches, de réparation d'armes ; où sont réunis les femmes, le bétail volés : en un mot ses approvisionnements de toute espèce et son butin.

Tels sont les repaires de Ké-Thuong, au nord de Cho-Moï, ceux du Nui-Da-Bo ; l'ancien repaire du Caï-Kïn dans le Nui-Dong-Naï ; le nouveau repaire des bandes du Yen-Thé, au nord de Hu-Thué, etc.

L'emplacement exact de ces repaires est d'ordinaire connu des seuls pirates. Pour s'y rendre, il faut quelquefois cheminer en pleine forêt vierge par des sentiers qui ne sont que des pistes de bêtes fauves, s'engager dans de longs couloirs étroits, formés par des murailles verticales de granit ; gravir des cols escarpés laissant à peine passage à un homme, ou bien suivre, pendant plusieurs heures, sous bois, pour tout sentier, le lit d'un torrent sur lequel s'embranche, en un point donné, une piste dissimulée dans la brousse et qui mène au repaire.

Des refuges, des campements, sorte de dépôts secondaires destinés à recevoir provisoirement les prises, à effectuer les premières opérations d'échange et de vente, sont en outre construits par chaque bande aussi près que possible des zones exploitées par elles, et à une distance du Delta variable selon la proximité et l'importance des postes militaires voisins.

Les chefs de bandes annamites ne craignent pas d'établir parfois ces refuges secondaires dans les villages mêmes des confins du Delta, dont les habitants sont à leur entière dévotion : Cao-Thuong, Luoc-Ha, dans le Yen-Thé; les villages de l'île des Deux-Song, du Mont-Bavi, etc., ont longtemps servi de résidence et de dépôt aux chefs des bandes qui exploitent ces contrées.

Les Chinois placent de préférence ces

campements dans la région boisée, à la
naissance de plusieurs vallons ou ravins,
près de la ligne de partage des eaux : ce
qui leur permet, le cas échéant, de faire
passer rapidement leur butin de l'un dans
l'autre de ces vallons, selon la direction de
l'attaque, et de le soustraire à la poursuite
des colonnes.

Des postes avancés fortifiés pour quarante à
cinquante hommes sont établis à 700 ou 800
mètres des repaires et refuges et sur les sentiers qui y mènent ; ces derniers sont barrés
par des coupures, par des palissades, par de
petits piquets ; des embuscades sont tendues
sur la lisière des bois et le long de ces sentiers, d'une manière si ingénieuse qu'aucun
indice ne révèle à une troupe en marche
qu'une coulée a été pratiquée, dans le bois,
parallèlement au sentier qu'elle suit et à deux
ou trois mètres de ce dernier ; et qu'enfin
celle-ci est occupée par des pirates qui attendent que la reconnaissance soit tout entière

engagée sous leur ligne de feux, pour la fusiller à bout portant.

La garde de ces repaires et de ces campements est confiée à des hommes sûrs, bien armés et qui en forment la garnison permanente; ces campements sont couverts à plusieurs kilomètres de distance par de petits groupes de pirates placés sur tous les sentiers d'accès; des espions, résidant dans les villages placés sous le canon même de nos forts, sont en outre chargés de renseigner les bandes sur les mouvements, sur la force des détachements envoyés contre elles. Divers moyens de communication assurent la transmission rapide de ces renseignements : la nuit, ce sont de grands feux à éclipse, fonctionnant à la manière de notre télégraphe optique; ou encore des ballons captifs supportant une éponge imbibée de pétrole enflammé; ces ballons, en s'élevant à deux cents ou trois cents mètres et en s'abaissant à intervalles déterminés, produisent les signaux de convention. Le jour, ce

sont des colonnes de fumée qui montent rapidement dans les airs et brusquement dispa-
raissent ; elles sont obtenues en mettant le feu
à de petits bûchers préparés d'avance et com-
posés de paille et de substances résineuses
auxquelles de la poudre est mélangée.

Enfin des précautions minutieuses, ainsi
que l'atteste le règlement ci-dessous qui était
placardé à la porte d'un avant-poste d'un campement de pirates du Bao-Day, sont prises
pour interdire aux étrangers l'accès de ces
repaires ou campements ; comme sanction,
tout individu soupçonné d'espionnage ou simplement suspect, surpris dans leur voisinage,
est immédiatement mis à mort.

Arrêté du Dé-Doc, mandarin de l'Annam
de 2ᵉ classe, du troisième degré, etc.

Les populations annamites étant en butte depuis
plusieurs années aux exactions des barbares français, le haut empereur de Chine a résolu de mettre

ordre à un état de choses aussi lamentable. Pour cet objet, il nous a confié les fonctions de Dé-Doc (général) des troupes de cette contrée. Nous avons établi notre camp dans cette région montagneuse où nous donnons rendez-vous à tous ceux qui veulent se joindre à nous pour lutter avec énergie pour la bonne cause.

Les habitants sont informés que nous avons ordonné à nos partisans d'avoir le plus grand égard pour leurs personnes et pour leurs biens; qu'ils peuvent apporter en toute confiance, dans nos campements, les denrées et les marchandises de toute sorte qu'ils ont à vendre et qui leur seront payées à un prix rémunérateur; ils devront se conformer aux dispositions ci-après en ce qui les concerne :

Article 1er. — Dans la paix comme dans la guerre, partisans et habitants s'appliqueront à vivre en bonne intelligence, sans faire du tapage, sans se quereller, sans se susciter des difficultés, sans même tenir des propos qui puissent apporter le trouble dans leurs bonnes relations réciproques. Un châtiment sévère sera infligé à celui qui contreviendra aux prescriptions du présent article.

Art. 2. — Il est formellement défendu aux partisans de se rendre dans les villages pour y commettre des vols ou toute autre déprédation. Un châtiment sévère, etc.

Art. 3. — Il est défendu à toute sentinelle de quitter son poste de jour ou de nuit, de faire feu sans en avoir reçu l'ordre. Un châtiment sévère, etc.

Art. 4. — Il est défendu d'une manière formelle à tout marchand de pénétrer dans le poste avancé ; le chef de ce poste y veillera. Un châtiment sévère, etc.

Art. 5. — Ce même chef, qui est un homme juste et bienveillant, fixera d'une manière équitable le prix des diverses marchandises ; il devra s'assurer que les denrées sont de bonne qualité. Un châtiment sévère, etc.

Art. 6. — Toutes les personnes, Annamites ou Chinois, résidant dans le pays, qui se présenteront au poste avancé devront être l'objet d'un interrogatoire et d'un examen très sérieux. Un châtiment sévère, etc.

Art. 7. — Les partisans qui désireront vendre les personnes ou objets constituant leur part de butin devront, au préalable, obtenir notre autorisation. Un châtiment sévère, etc.

Art. 8. — Toutes les prescriptions qui précèdent devront être scrupuleusement observées par tous. Un châtiment sévère, etc.

Le 7 du septième mois de la cinquième année du roi Ham-Nghi.

Le « châtiment sévère » dont on menace le délinquant à la suite de chaque article, ce

qui donne à ce règlement quelque ressem-
blance avec notre code militaire en temps de
guerre, est le plus souvent la peine de mort,
les chefs pirates, dont le pouvoir est sans
limite sur les populations comme sur leurs
partisans, ayant fréquemment recours à des
exécutions capitales, autant pour terroriser
les premières que pour faire acte d'autorité et
maintenir une discipline rigoureuse dans leurs
bandes.

Au reste, c'est sur ce régime de terreur
qu'est établi le principal élément de puissance
et de prestige de ces chefs. Certains d'entre
eux y ont acquis une telle réputation de
cruauté que leur nom seul, prononcé dans un
village, suffit pour y jeter l'épouvante. Dans
les longues veillées annamites, lorsque, à
l'abri des portes bien closes, la famille assem-
blée peut deviser en sécurité, sans crainte
que ses propos soient recueillis et rapportés
par l'un des nombreux espions que les pirates
entretiennent dans toutes les localités, les

mères font tout bas aux enfants attentifs et tremblants le récit des exploits de ces monstres sanguinaires.

C'est un chef de bande qui, ayant surpris un détachement de nos troupes, en a massacré les Européens; a fait couper le poignet droit à onze tirailleurs tombés vivants entre ses mains, et a renvoyé ces derniers en leur disant : « La vue de ces mutilations apprendra aux Annamites, partout où vous vous rendrez, de quelle manière doit être traité tout indigène qui fait cause commune avec les Français ».

C'est un autre chef de bande qui, voulant arracher des aveux à un notable d'un village, fait amener ses trois enfants en bas âge et les fait successivement broyer dans un pilon en présence du père, de la mère, et des habitants, que cet acte horrible a glacés de terreur.

Un autre jour, une bande se saisit du chef et de plusieurs habitants d'un hameau, accusés d'avoir fourni des renseignements sur son compte aux autorités provinciales; chacun de ces indigènes est attaché contre un tronc d'arbre; de la poitrine, ouverte d'un coup de coupe-coupe, le foie est arraché et est passé, tout pantelant, de main en main, chaque pirate y mordant, à son tour, à pleines dents.

Une autre fois, c'est un Européen, un garde principal, dont le poste est surpris par une bande de pirates qui se sont présentés, déguisés en coolies. Après qu'on eut repu ses yeux du spectacle d'actes horribles accomplis sur sa femme, sur ses enfants, sur ses miliciens, il est lui-même, tout vivant, l'objet d'infâmes mutilations; puis, mourant, se tordant dans d'atroces souffrances, il est attaché, les bras en croix, sur un tronc de bananier, jeté dans le fleuve et abandonné à la dérive.

C'est par centaines que l'on pourrait continuer l'énumération des actes de sauvagerie et de férocité accomplis par ces chefs pirates.

En raison de leur organisation, de la connaissance profonde qu'elles ont du pays difficile et tourmenté dans lequel elles opèrent; du concours qu'elles trouvent chez les habitants avec lesquels elles sont en rapports plus constants, plus directs encore que ne le sont les premières bandes avec les habitants du Delta, les bandes qui nous occupent sont autrement redoutables que celles qui exploitent ces dernières provinces.

En général, elles font tête à nos colonnes, elles excellent à tendre des embuscades à l'entrée des défilés et dans les clairières, à harceler les avant-postes, les arrière-gardes et les convois; elles offrent quelquefois elles-mêmes le combat et, dans tous les cas, résistent toujours, non sans énergie, lorsqu'on attaque leurs repaires.

Leurs chefs se tiennent en relations constantes pour se prêter dans ces circonstances une aide réciproque, pour effectuer des échanges de prisonniers, d'armes et de munitions, pour organiser des opérations contre des villages fortifiés dont la richesse tente leur convoitise ou contre les garnisons des postes de milice et les colonnes de faible effectif. Une tactique, souvent employée dans les années 1890 et 1891, consistait à faire prévenir ces dernières que des pirates se trouvaient en petit nombre, à proximité, dans le dessein de les attirer dans des positions préparées à l'avance; des colonnes de gardes civils, entre autres l'une d'elles forte de près de deux cents hommes, tombèrent dans ce piège et furent ainsi anéanties.

L'opération à laquelle donnent lieu les entreprises effectuées par ces bandes contre les villages annamites est préparée, de longue main, avec le plus grand soin, les pirates ne procédant jamais à l'aventure, par crainte de tomber dans quelque embuscade. Cette opération est souvent précédée, lorsque la lutte promet d'être vive, de sacrifices en l'honneur du génie de la guerre, suivis de fraternelles agapes.

L'objectif une fois déterminé, à la suite d'indications fournies par ses affiliés, la bande est fractionnée en deux parties : l'une garde le campement, envoie quelques hommes courir le pays en quête de nouvelles et surveille les chemins par lesquels des détachements pourraient se présenter; l'autre se met en campagne et vient, sans bruit, en dissimulant sa présence, s'établir, à la tombée de la nuit, à proximité du village dont l'attaque est projetée; là, elle est rejointe par les affiliés qui l'ont renseignée et qui doivent la guider dans son opération. Ces derniers, à ce moment, se couvrent quelquefois la figure d'un masque pour ne pas être reconnus par les habitants qu'ils vont livrer aux pirates.

Bientôt, la marche est reprise, lentement et avec précaution; vers le milieu de la nuit, le village est cerné; à un signal, une vingtaine de coups de feu sont rapidement tirés dans la direction des portes; et, aussitôt, la bande entière, poussant de grands cris, se précipite vers l'une d'elles, en force l'entrée et pénètre dans l'intérieur du village.

Si celui-ci fait bonne garde, tout mouvement inusité qui se produit dans la campagne étant aussitôt signalé, la marche des pirates est alors éventée de loin; les cliquetis précipités des baguettes des veilleurs, les appels stridents et multipliés des cornes et des trompes, les batteries de tam-tam annoncent l'imminence d'un danger; à ces signaux d'alarme, qui impressionnent si vivement nos soldats dans leurs marches et dans leurs reconnaissances de nuit, dans chaque village, des hommes déterminés se portent à leurs postes de combat. Dans ce cas, la bande hésite généralement à poursuivre son entreprise, surtout si le village dispose de quelques fusils; elle redoute que les habitants, puisant une suprême énergie dans la défense de leurs familles, de leurs biens, ne luttent en désespérés et ne lui

fassent payer cher son audace. L'opération
est remise, et la bande se dédommage de sa
mésaventure par le pillage de quelque maison
isolée ou de quelques groupes d'indigènes se
rendant aux marchés voisins.

Mais, le plus souvent, les Annamites se
gardent mal; surtout par les nuits noires, par
les nuits de pluie et d'orage, choisies de préférence par les pirates pour l'exécution de
leurs coups de main; surpris dans leur sommeil, frappés d'épouvante, veilleurs et habitants cherchent leur salut dans la fuite, se
blottissant dans les haies de bambous, se cachant dans les mares ou dans les rizières
avoisinantes. Profitant de l'affolement général,
les pirates s'emparent de tout ce qui se trouve
sous la main; hommes, femmes, enfants,
buffles, porcs, chiens, volailles, paniers de
riz, paquets de hardes, tout leur est bon, et
ils vont vite en besogne. Soudain, un appel
d'une trompe chinoise se fait entendre; rapi-

dement les pirates se rallient, apportant ou amenant chacun son butin, pendant que quelques-uns d'entre eux, courant la torche à la main, allument l'incendie sur plusieurs points du village; puis, vivement, la bande repart pour regagner son repaire le plus proche.

Quelquefois, les habitants, revenus de leur frayeur, se groupent et, renforcés par des hommes armés accourus des hameaux voisins, se jettent à la poursuite des bandits; ils parviennent ainsi à ressaisir quelques buffles récalcitrants, des femmes ou des enfants qui, dans le désordre de la retraite précipitée, ont pu se dissimuler dans quelques bouquets d'arbres, derrière une digue; mais presque toujours la bande a pris une avance considérable et réussit à emmener la plus grande partie de son butin, non sans laisser derrière elle des traces sanglantes de son passage : là, c'est le cadavre, décapité, d'un prisonnier qui a tenté de se débarrasser de ses liens et de s'évader; plus loin, c'est le corps, gisant en travers du sentier, d'une femme égorgée sans pitié, à titre d'exemple, parce que volontairement ou par suite de fatigue, elle retardait la marche de la bande; ses vêtements ont été enlevés; les boucles, d'une valeur des plus modiques, qu'elle portait aux oreilles ont été violemment arrachées, emportant avec elles un lambeau de chair.

Lorsque la nouvelle de l'un de ces pillages parvient à l'un de nos postes, ou que les lueurs de l'incendie sont aperçues par l'un de ces derniers, il est déjà trop tard pour espérer pouvoir atteindre la bande : il n'en serait point ainsi si ces postes étaient plus nombreux et se trouvaient reliés par des communications télégraphiques; l'action de ceux de nos postes placés sur la ligne de retraite des pirates, prévenus rapidement, pourrait alors s'exercer en temps utile et d'une manière efficace.

La bande a regagné son repaire où l'attendent le doux *farniente* et les jouissances de l'opium; le partage du butin s'accomplit; une rançon et un délai sont fixés pour le rachat des hommes qui sont gardés comme prisonniers : ce délai expiré, ceux-ci sont impitoyablement massacrés. Quant aux femmes, en attendant que des convois les conduisent à la frontière de Chine, pour y être vendues, elles sont l'objet, selon le récit fait par nombre d'entre elles, délivrées par nos détachements, des traitements les plus odieux de la part des pirates, qui n'ont d'autre frein à la satisfaction de leurs caprices et de leurs appétits bestiaux que la crainte de diminuer la valeur de la marchandise qu'elles représentent.

Ainsi que nous en avons déjà fait la remarque, les pirates annamites ou chinois cherchent à voiler leurs méfaits du couvert des plus nobles sentiments : le patriotisme. Avant notre occupation, ils s'enrôlaient volontiers sous la bannière du premier prétendant venu au trône d'Annam; et c'était en son nom

que les chefs pirates adressaient leurs proclamations aux populations et exerçaient leurs
réquisitions. De nos jours, c'est Ham-Nghi
qu'ils invoquent, l'ex-roi d'Annam exilé en
Algérie et qui reste à leurs yeux le roi légitime. Aussi, toute proclamation est-elle datée
du règne de Ham-Nghi. Elle débute, d'ordinaire, par un petit résumé historique des événements qui ont amené l'occupation française ;
résumé qui est rédigé, bien entendu, selon les
besoins de la cause, et qui nous représente
invariablement comme des barbares, comme
des pirates qui ont imposé et qui maintiennent
leur domination par la violence, au mépris
des droits sacrés de l'indépendance nationale.
Elle se termine par une déclaration d'attache-
ment au roi, aux mœurs et aux institutions
léguées par les ancêtres, et par un appel aux
armes pour chasser du sol l'étranger.

En réalité, quoique les pirates, en prenant
le titre de rebelles, aient surtout pour but de
chercher à faire mieux accepter par les habi-

tants les sacrifices qu'ils leur imposent, corvées, contributions en argent et en nature ;
d'entretenir parmi les plus crédules un esprit
permanent d'hostilité contre les Français et
contre ceux qui les servent ; de s'assurer la
connivence ou la complicité des villages, sans
le concours desquels leurs expéditions seraient
souvent exposées à des insuccès ; en un mot,
de gagner entièrement les populations à leur
cause, il serait toutefois puéril de nier que
toutes ces bandes et leurs chefs désignés indistinctement par nous sous le nom de pirates
comprennent de vrais rebelles, particulièrement parmi les Annamites.

Il en est parmi eux qui sont uniquement
poussés, dans leur lutte contre notre autorité,
par la haine de l'étranger et par un pur sentiment de patriotisme, contrairement à l'opinion de certains auteurs qui prétendent que
notre mot patrie n'a pas de terme équivalent
dans la langue annamite et que ces races de
l'Extrême-Orient ne sont pas susceptibles de

se laisser entraîner par ce noble sentiment qui rend les masses et les individus capables des plus grandes choses. La fermeté, le courage avec lesquels nombre de pirates affrontent le couperet du bourreau, après avoir été quelquefois, de la part de leurs juges, l'objet des plus atroces supplices ; les harangues que certains d'entre eux adressent au public dans les moments qui précèdent les exécutions, déclarant, avec la ferveur des martyrs mourant pour la foi, qu'ils n'ont aucun acte de pillage ni de brigandage à se reprocher ; qu'ils ont combattu et qu'ils font le sacrifice de leur vie pour soustraire leur pays à l'oppression étrangère ; le respectueux recueillement avec lequel la foule assiste à ces exécutions capitales et jusqu'à cette précaution sinistre du bourreau qui, dans certaines circonstances, baise et lèche la lame dégouttante de sang, pour conjurer le ressentiment des mânes de l'innocent qu'il vient d'immoler : tous ces faits attestent que l'on se trouve bien alors en présence de véritables rebelles. L'histoire est là, au reste, pour témoigner qu'à une autre époque, lors de l'occupation chinoise, ce sentiment s'est traduit chez les populations du Tonkin par des explosions de haines et de colères qui furent plus d'une fois fatales aux conquérants; et, fait digne de remarque, c'est à deux femmes qui sont restées comme la personnification du patriotisme aux yeux des Tonkinois et que l'on honore, à Hanoï, dans la pagode de Haï-Ba qui leur est consacrée, qu'échut le rôle glorieux de prendre la direction du plus important de ces soulèvements populaires, à la suite duquel les Chinois furent rejetés, à cette époque, hors du Tonkin et plusieurs armées envoyées par l'empereur de Chine pour reconquérir ce territoire furent taillées en pièces !

Il faut donc le reconnaître, le parti national de la lutte contre l'influence française existe réellement au Tonkin et en Annam. Ce parti est encouragé et favorisé par de hautes personnalités de l'Annam et de la Chine; son importance grandit chaque jour et il constituerait bientôt un danger des plus sérieux pour notre protectorat si la pacification du pays se faisait encore longtemps attendre.

Ce parti a, dans toutes les provinces, des représentants choisis parmi d'anciens mandarins ou des lettrés de renom qui prennent le mot d'ordre de l'un d'entre eux, haut personnage dont l'autorité est incontestée et qui a la direction générale du mouvement anti-européen. Les chefs des grandes bandes de pirates lui obéissent également.

C'est de ce personnage qu'émane, sans doute, la proclamation ci-après trouvée dans un refuge de pirates détruit dans le haut Yen-Thé, le 30 novembre 1890, par le capitaine Plessier. Nous donnons *in extenso* la traduction qu'a faite de cette pièce le lieutenant Deleuze, du 1ᵉʳ régiment étranger.

Le roi [1] dit ceci à ses serviteurs fidèles :

Tout est bien changé depuis que les guerres incessantes troublent le royaume et font commettre des crimes que le ciel et la terre ne peuvent pardonner.

L'arc et les flèches des jeunes gens ont du travail vers les quatre points cardinaux et l'homme adroit peut se nourrir de la chair de ses ennemis et se coucher sur leur peau [2].

Ces Français, qui se sont associés avec ces chiens d'étrangers [3] habitant les îles rocheuses de la mer, n'ont pas plus de cœur que des quadrupèdes.

Leur métier est de voler de toutes façons, car leur avidité est très grande. Ils excitent les hommes les uns contre les autres et répandent cent calomnies.

Ils se prévalent de leur habileté à construire et à diriger des bateaux marchant par une machine à feu et ils ont la plus grande confiance dans leurs fusils « à aiguille ».

Ils s'établirent d'abord sur la côte pour faire la guerre. Puis, lorsqu'ils eurent tout dévoré comme des vers à soie, ils remontèrent toutes les rivières ainsi qu'a coutume de le faire le poisson « kinh » (la dorade) qui cherche sa pâture.

1. Ham-Nghi.
2. En guise de natte.
3. Expédition Dupuis.

L'ancien roi [1], qui affectionnait les deux parties de son royaume [2], les voyant troublées depuis quelque temps, fit la paix (avec les Français).

Et les Chinois eurent peur à leur tour que leur nation se fatiguât d'une guerre sans fin.

L'impératrice [3] s'entendit avec les Français et nous a abandonnés jusqu'à cette année-ci. Des rebelles la suivirent dans cette trahison envers l'État et leur désertion dure encore aujourd'hui. Ils comptent sur l'appui des « pirates [4] » pour assassiner et s'enfuir après.

Mais lorsqu'un furoncle est crevé, pourquoi crier encore [5]? Les bois et les herbes [6] suent de colère, et une odeur infecte s'est répandue dans la nation.

La poule habite l'aire de l'aigle !

Le buffle se mêle aux chevaux de luxe!

Le tigre est trompé par le chien !

Le dragon joue avec la sangsue!

Le char royal [7] s'est enfui et tous les mandarins l'ont suivi.

Tout le peuple des trente-six provinces [8]

1. Tu-Duc.
2. Le Tonkin et l'Annam.
3. La femme de l'empereur Tu-Du .
4. Les Français.
5. Proverbe annamite.
6. Toute la nature.
7. Ham-Nghi.
8. Tout le royaume.

s'éloigna du roi et se rapprocha des « pirates ».

Je montai sur le trône en la quatre-vingtième année [1], mais je dus bientôt abandonner ma capitale pour me réfugier chez les sauvages.

Maintenant le ciel nous a envoyé toutes les troupes des « quatre provinces Quang [2] ».

Des soldats nous viennent de toutes parts.

Les Chinois nous donnent de nouveau des hommes.

La citadelle siamoise de Cam-Lo nous fournit des vivres et le pays d'Aï-Lao nous fournit de l'argent.

Les Mans nous donnent des éléphants et des chevaux.

Quatre chefs de tribus [3] nous donnent des buffles et des chèvres.

Tous les mandarins m'écoutent.

Les troupes sont impatientes de combattre.

Le Thanh-Hoa, le Vinh-Binh, le Nghé-An, le Ha-Tinh reviennent à nous.

Toutes les troupes des quatorze autres provinces se soulèvent à la fois.

Deux mille villages viennent de chasser les postes que les « pirates » avaient établis dans chacun d'eux [4].

---

1. A partir du règne de Gia-Long.

2. Le Quang-Binh, le Quan-Tri, le Quang-Nam et le Quang-Ngaï.

3. Tribus à l'ouest et au nord-ouest du Thang-Hoa.

4. Allusion au retrait de nos troupes régulières d'une partie de l'Annam effectué dans les premiers mois de 1890.

Les « démons occidentaux » ne troubleront plus longtemps le royaume.

Que tous ceux qui leur fournissent « le poisson et la viande [1] » viennent dans nos rangs,

Que les écoliers et les lettrés du nord et du midi [2],

Que les mandarins pourvus d'emplois et ceux qui en attendent un,

Que tous les hommes au cœur fidèle ne suivent pas les « pirates »,

Que les enfants des familles des mandarins,

Que ceux qui se préparent pour l'examen de bachelier et ceux qui ont subi cet examen,

Que tous les chefs de canton, que tous les chefs de village se réunissent en troupe et courent sus aux « pirates »,

Que le fil qui avertit au loin [3] ne puisse communiquer aucune nouvelle,

Que tous les ponts métalliques soient détruits,

Et qu'on cesse de craindre les solides bateaux armés de fusils à tir rapide.

Lorsque la patrie aura reconquis la paix, tous ceux qui auront exercé un commandement recevront un brevet du roi [4].

1. La nourriture.
2. Le Tonkin et l'Annam.
3. Le télégraphe.
4. Leur nom inscrit sur une palette en bambou et sur un morceau de soie donné par le « roi ».

Que les deux parties du royaume [1] entendent notre avertissement.

Du vingtième jour du troisième mois de la sixième année de Ham-Nghi [2].

Ces proclamations sont affichées sur les places publiques et recopiées par les principaux habitants qui doivent en posséder chacun un exemplaire. Elles sont, pour la plupart, l'œuvre d'érudits et rédigées dans un style relevé : n'oublions pas qu'elles s'adressent à des populations parmi lesquelles les lettres sont en très grand honneur.

A titre documentaire, nous croyons intéressant de faire suivre la traduction qui précède, de celle d'une proclamation des pirates chinois, datée du mois de février 1891 et qui a été lancée à la suite du désastre de Cho-Bo. On y verra que les auteurs de cette proclamation ne craignent pas, pour amoindrir notre prestige et pour nous noircir dans l'es-

1. Le Tonkin et l'Annam.
2. 8 mai 1890.

prit des populations, d'appeler à leur aide les armes dont les Orientaux excellent tant à se servir : la fourberie, la duplicité, le mensonge, l'invitation à la défection et à la rébellion; en un mot, les « cent calomnies », pour employer l'expression annamite :

Proclamation des Chinois aux mandarins et aux hommes du peuple de l'Annam.

L'empire d'Annam était un royaume tributaire de la Chine jusqu'en la dixième année de Quang-Tu [1].

A cette époque, ce royaume est tombé dans l'adversité. Le roi d'Annam étant mort, les mauvais sujets prirent la direction des affaires du royaume; ils vendirent le gouvernement pour des honneurs; ne surent pas défendre la ville d'Hanoï, ce qui entraîna la chute successive des autres provinces.

L'Empire Céleste, ayant pris en pitié la situation du petit royaume, envoya alors Leurs Excellences Sam-To et Phong-Ma [2] à son secours; à la

1. Un empereur de Chine.
2. Nom des deux généraux chinois auxquels leurs compatriotes décernèrent le titre de vainqueurs de Lang-Son.

suite des combats qui furent livrés à Lang-Son et à la porte-frontière de Nam-Quan, aucun rebelle français ne put regagner le Delta. Les généraux chinois se préparaient à reprendre le Tonkin lorsque les Français, affaiblis par leurs défaites, demandèrent à faire la paix.

Le grand Empereur, voulant éviter que de nouveaux malheurs vinssent accabler les populations annamites, donna alors son approbation à une décision par laquelle Son Excellence Ly'hông-Chùong autorisait les Européens à commercer, et à prêcher la religion catholique dans le royaume d'Annam. Ce sont les deux seules autorisations qui leur aient été données.

Les Français se sont soumis en apparence à cette décision; mais, au fond, leurs intentions étaient fausses, car ils ont conservé le royaume d'Annam et en ont chassé le roi [1], puis ils ont promené leurs colonnes à tort et à travers.

De tout cela il est résulté une grande exaspération des esprits; partout on s'est soulevé : il y a bientôt dix ans que cette situation dure, en sorte que le pays est dans le désordre absolu.

En outre ces rebelles français n'aiment pas combattre; en revanche, ils sont très forts pour incendier; ils arriveront ainsi à ne plus laisser pousser un brin d'herbe dans aucun village.

Toutes les nations de l'Europe haïssent ce

1. Ham-Nghi.

peuple pour sa méchanceté et se moquent de son impuissance.

La France a contracté envers l'Angleterre une dette qu'elle s'est gardée de payer ; elle doit aussi à la Russie et à la Prusse, et a également refusé de les payer ; par conséquent, il faut que justice soit faite de tant de méfaits.

Dans ce dessein notre Empereur nous envoie combattre les Français.

Les troupes fidèles qui opèrent sur le Fleuve-Rouge, auxquelles nous avons distribué 1 000 fusils, ont remporté successivement la victoire dans les combats de Thach-Koan, Bang-Y, Phuong-Lam (Cho-Bo) et Vu-Sai, de sorte que les rebelles s'affaiblissent de jour en jour.

Nous invitons maintenant les mandarins dont les troupes opèrent dans les provinces de Haïd-zuong, Bac-Ninh, Sontay, Nam-Dinh, Ninh-Binh, Than-Hoa, Nghé-an et Ha-Tinh à venir conférer avec nous sur les mesures qu'il convient de concerter pour entreprendre une nouvelle campagne.

Depuis vingt ans environ, la Chine a établi des ateliers qui fabriquent toutes sortes de machines, des navires très solides, des fusils à tir rapide ; aujourd'hui, l'Angleterre, la Russie et la Prusse ne sont pas plus puissantes qu'elle ; la France est, par conséquent, moins que rien.

O gens de l'Annam, comment avez-vous le cœur de suivre les pirates! S'il en est parmi vous qui, par leur situation, soient obligés de demeurer encore à leur service, ils seront, le moment venu, traités avec modération. Ainsi Son Excellence Hoang-Cao-Khai [1] et son entourage nous ont écrit pour obtenir leur soumission ; l'autorité supérieure est disposée à la leur accorder s'ils tiennent leur promesse de rendre des services pour racheter leurs fautes. Quant aux tirailleurs, aux gardes civils, etc., etc., qui sont forcés de suivre les Français, s'il est vrai qu'ils sont traités avec quelque bienveillance, ils ne doivent pas perdre de vue qu'ils n'ont auprès d'eux aucun membre de leur famille ; que s'ils sont tués par une balle ou par une flèche ou s'ils meurent dans les régions insalubres, personne ne s'occupera des soins pieux de leur sépulture ; car les Français n'auront aucune considération pour les services rendus. Les soldats indigènes devront donc se concerter pour venir à nous ; ceux qui auront trahi et auront tué des pirates français seront nommés Hup-Quan (adjudants) ; ceux qui nous auront fait enlever une position seront nommés lanh-binh (colonels) ; ceux qui auront volé un fusil seront nommés sergents français.

Vous avez certainement eu connaissance que nous avons donné la vie sauve et permis de rentrer dans leurs foyers à tous ceux qui se sont rendus à nous lors des combats de Bang-Y et de Phuong-Lam (Cho-Bo) ; de même nous avons

____

1. Le vice-roi actuel du Tonkin.

récompensé ceux qui nous ont servis et guidés dans ces affaires. Ces faits sont au su de tout le monde; dans ces conditions, vous ne devez pas laisser passer cette occasion qui vous est offerte de venir vous ranger sous nos ordres.

Fait le premier mois de la dix-septième année de Quang-Tu.

III. — ZONE DES HAUTES RÉGIONS DU TONKIN

Entre la frontière de Chine et le Delta s'étend un immense territoire, ayant cinq à six fois la superficie de ce dernier, et presque dépourvu de postes, ceux-ci étant répartis d'une manière générale en bordure sur le Delta et sur cette frontière.

Ce sont les hautes régions ou Haut-Tonkin. A part quelques vallées fertiles, ces régions n'offrent qu'un sol maigre et rocheux, peu propre aux cultures, un système orographique tourmenté, difficile, fouillis de pitons boisés, de murailles nues et à pic, de cirques et d'anfractuosités d'une variété infinie. Nos colonnes éprouvent des difficultés inouïes à y opérer.

La population clairsemée se compose de Muongs, de Nungs, de Mans, de Thos, de Thaïs, etc., races robustes, ayant l'amour de l'indépendance, supportant impatiemment le joug des bandes chinoises et qui seraient disposées à seconder tout effort qui aurait pour résultat de les en débarrasser.

Quelques-unes de ces races et en particulier celles qui habitent la région de Cao-Bang passent pour être anthropophages. Est-ce le résultat de la haine qui anime contre les Chinois les peuplades des hautes régions et qui les pousse à obéir à leurs instincts féroces? Ou bien n'agissent-elles ainsi que pour assouvir leur faim, ces contrées étant pour la plupart d'une désespérante pauvreté, au point que, sur toute l'étendue du Haut-Tonkin, la perception totale de l'impôt n'atteint pas la valeur de celle de la plus petite province du Delta? C'est ce que nous ne saurions établir : nous nous bornons à relater les actes ci-après d'anthropophagie connus de tous les officiers qui ont résidé à Cao-Bang.

Un jeune Tho venait de s'échapper de la bande de pirates chinois d'A-Koc-Thuong : on lui demanda quelle était la nourriture habituelle des pirates : « Du maïs, du riz, quand on peut en avoir, répondit-il, et enfin des Thos et des Muongs. A-Koc-Thuong, ajouta-t-il, retient en ce moment prisonniers plusieurs habitants de mon village, qui sont destinés à être mangés! »

Le lendemain du combat de Bo-Pou, le 31 octobre 1889, un pirate chinois fut pris et décapité : une demi-heure après, un officier, en passant sur le lieu de l'exécution, ne vit plus que le squelette auquel adhéraient encore quelques lambeaux de chair : le reste du corps avait été dépecé et enlevé, pour être mangé, par les Thos qui suivaient la colonne en qualité de coolies ou d'auxiliaires. Le jour suivant, un autre pirate chinois, pris et décapité, fut traité de la même manière.

Quelques jours auparavant, un chef de pirates, A-Kam, fit rôtir vivantes, devant leurs maris, deux jeunes femmes thos qui furent ensuite mangées par les Chinois établis dans la grotte de Lung-Mô. Le même chef, s'emparant de la femme d'un Tho qui avait servi de guide dans une opération dirigée par le lieutenant Pessard contre les pirates retranchés dans cette grotte, la fit lier à un poteau; ces derniers lui ouvrirent le ventre, lui arrachèrent le foie et le cœur qu'ils se partagèrent entre eux et mangèrent tout crus. Tout pirate chinois pris par les Thos est traité d'une manière analogue. Cette dernière coutume est, comme on le sait déjà, commune à toutes les races annamites qui, considérant le foie comme le siège de toutes les vertus et notamment de la bravoure, mangent le foié de l'ennemi tué, dans la pensée de s'assimiler ces vertus!

La plupart des bandes qui exploitent ces contrées sont sédentaires; elles se sont taillé comme les précédentes un fief dans la région où elles résident. Les plus importantes sont celles qui occupent le massif de Than-Maï près de Mon-cay, les environs de Pho-Binh-Gia et de Nganson, de Cao-Bang, des lacs Ba-Bé, la Haute-Rivière-Claire, le Haut-Fleuve-Rouge, le Than-Hoa-Dao, etc.

L'effectif de chacune d'elles varie entre 200 et 500 hommes dont la moitié est bien armée. Leurs principales ressources consistent dans la réquisition de vivres, dans la perception d'un petit impôt, dans le commerce de contrebande d'opium et de marchandises de guerre, pour lequel elles servent d'intermédiaires entre les pourvoyeurs établis en Chine et les bandes du Tonkin.

En dehors de ces bandes sédentaires, d'autres bandes qui s'organisent de l'autre côté de la frontière, font, à des intervalles périodiques, incursion dans ces hautes régions, uniquement dans l'intention de piller, et l'expédition terminée, rentrent en Chine avec leur butin.

Au delà de la frontière septentrionale et occidentale du Tonkin, depuis notre poste de Laï-Chau jusqu'à celui de Mon-cay, il existe une vaste bande de territoire atteignant dans certaines parties de 150 à 200 kilomètres de profondeur, et qui présente de grandes analogies avec les hautes régions tonkinoises, par la nature du sol, par la faible densité et par les mœurs des populations qui l'habitent.

A ces dernières qui sont également des Thos, des Nungs, etc., sont venus s'adjoindre nombre de Chinois moitié pirates, moitié marchands, qui, à la suite de quelque méfait commis dans l'intérieur du Céleste Empire, ont fui la justice de leur pays, sans avoir pu décider leurs femmes, qui ne s'expatrient que difficilement, à les suivre dans ces contrées désolées. Ces Chinois, pour se constituer une nouvelle famille, se procurent des femmes annamites qui passent pour avoir des qualités sérieuses de ménagères; dans ce dessein ils lèvent des bandes et, à leur tête, vont exercer leurs pillages sur le territoire tonkinois; ou bien ils subventionnent les entreprises des chefs des bandes chinoises et annamites qui y sont établis, en leur fournissant de l'argent, de l'opium, des armes, des munitions. Les femmes et les enfants du Delta capturés, après le prélèvement des sujets de leur choix, sont dirigés sur les villes de l'intérieur de la Chine pour y être vendus; ces Chinois partagent ensuite avec les bandes les bénéfices de cet infâme trafic.

Dans cette zone chinoise, qui comprend la partie méridionale des provinces du Yun-Nan, du Quang-Si et du Quang-Ton, l'autorité des fonctionnaires du Céleste Empire est généralement méconnue et la rentrée des impôts ne s'y effectue qu'avec l'appui de la troupe.

Aussi, en dehors des environs des grandes villes, des places et des camps chinois qui, pour la plupart, sont réduits à des garnisons de faible effectif, la piraterie y règne en souveraine.

A l'exception du général chinois Sô, qui, sur la frontière de Lang-Son, s'oppose par tous les moyens en son pouvoir à la formation des bandes et à leur entrée sur notre territoire, les mandarins nous sont ou hostiles, et, dans ce cas, favorisent ouvertement les agissements et les incursions des pirates, ou bien ils sont impuissants à y maintenir le bon ordre.

La Chine est au demeurant, et sans doute pour longtemps encore, dans l'impossibilité de réprimer complètement, conformément aux obligations qui lui sont imposées par l'article premier du traité du 9 juin 1885, la piraterie dans toute la zone frontière [1].

---

1. « Traité du 9 juin 1885. — Article premier. — La France s'engage à rétablir et à maintenir l'ordre dans les provinces de l'Annam qui confinent à l'empire chinois. A cet effet, elle prendra les mesures nécessaires pour disperser ou expulser les bandes de pillards et gens sans aveu qui compromettent la tranquillité publique et pour empêcher

C'est cependant dans la stricte exécution de ces clauses que nous paraît résider, en très grande partie, la solution du problème de la pacification des hautes régions du Tonkin et même du Delta. Cette dernière à notre avis marcherait à grands pas, si l'on obtenait une intervention plus intensive, si cela était possible, plus sympathique surtout, du gouvernement chinois sur ses frontières, par une augmentation de ses forces, par un choix de fonctionnaires qui recevraient la mission formelle et les moyens : 1° d'empêcher l'organisation et la formation des bandes; 2° d'inter-

qu'elles ne se reforment. Toutefois les troupes françaises ne pourront, dans aucun cas, franchir la frontière qui sépare le Tonkin de la Chine, frontière que la France promet de respecter et de garantir contre toute agression.

De son côté, la Chine s'engage à disperser ou à expulser les bandes qui se réfugieraient dans ses provinces limitrophes du Tonkin, et à disperser celles qui chercheraient à se former sur son territoire pour aller porter le trouble parmi les populations placées sous la protection de la France, et, en considération des garanties qui lui sont données quant à la sécurité de sa frontière, elle s'interdit pareillement d'envoyer des troupes au Tonkin.

Les hautes parties contractantes fixeront par une convention spéciale les conditions dans lesquelles s'effectuera l'extradition des malfaiteurs entre la Chine et l'Annam. »

dire la vente, sur les marchés de la frontière, d'armes et de munitions importées de la côte; de femmes et d'enfants de provenance du Tonkin.

En complétant ces mesures par la suppression, dans notre colonie, de la ferme d'opium, cause principale de la contrebande; par une action lente et méthodique contre les bandes, de notre armée régulière, secondée par les populations ; par l'occupation de quelques points, au cœur des parties les plus troublées de nos hautes régions, on pourrait espérer voir enfin se lever cette ère de pacification et de tranquillité si attendue et sans laquelle notre protectorat ne peut nous réserver que des déboires et nous occasionner que des sacrifices d'hommes et d'argent sans cesse renouvelés.

CHAPITRE III

OPÉRATIONS DANS LE YEN-THÉ PENDANT LES ANNÉES 1890 ET 1891

Affaires de Luoc-Ha, de Lang-Phan, de Cao-Thuong. — Mort des lieutenants Camilatos et Plat.

Après la rentrée de la colonne dont les opérations amenèrent la prise de Doï-Van, les bandes du Yen-Thé se reconstituèrent et, grâce au produit de leur commerce lucratif de vente de femmes et d'enfants, elles parvinrent bientôt à s'approvisionner d'une grande quantité de fusils à tir rapide et de munitions.

Dans les premiers mois de l'année 1890, le poste de Ha-Chau fut remis par l'armée à la garde civile; d'autres postes de garde civile existaient ou étaient encore créés dans le Yen-Thé : à Bi-Noï, à Nho-Vo, à Duc-Tang, à Ngac-Cu, à Ca-Song-Thuong ; mais, en raison de l'organisation défectueuse de ces milices, de l'inefficacité de leur action, la pacification de cette région ne faisait aucun progrès.

Les villages des bords du Song-Thuong et du Song-Cau devenaient de nouveau la proie d'une quantité de pillards ; bien plus, les pirates s'aguerrissaient de jour en jour dans les petites rencontres qu'ils avaient avec ces milices et poussaient bientôt l'impudence jusqu'à venir rançonner les villages mêmes situés dans le voisinage des postes.

Au mois d'avril 1890, une action générale contre les bandes fut entreprise, sous la direction d'un administrateur civil, par des détachements fournis par différents postes de garde civile du Yen-Thé, renforcés par des miliciens de Bac-Ninh ; cette colonne dut se dissoudre à la suite d'un échec sérieux qu'elle éprouva devant le village de Cao-Thuong.

D'autre part, les reconnaissances que pouvait effectuer, dans les environs du poste, la petite garnison de Bo-Ha, réduite à ses faibles ressources, étaient loin d'avoir toujours raison des bandes contre lesquelles celles-ci venaient se heurter.

Deux de ces reconnaissances méritent d'être mentionnées.

Reconnaissance sur Luoc-Ha. — Le 25 mars 1890, le capitaine Despalanques, de l'infanterie de marine, commandant du poste de Bo-Ha, est informé par le Commandeur de Dao-Quan, qu'un groupe de 40 pirates est établi de l'autre côté du Song-Soï, dans la direction de Tin-Dao.

Le capitaine réunit aussitôt un détachement de 10 légionnaires et de 30 tirailleurs, traverse le Song-Soï et s'engage sur le chemin de Tin-Dao; il trouve bientôt plusieurs passages obstrués par des abatis et par des petits piquets.

A trois heures du soir, la reconnaissance se présente brusquement devant le village catholique de Luoc-Ha. Le lieutenant Bénédetti se saisit d'un habitant qui est gardé à vue pendant que deux tirailleurs sont envoyés à la recherche du li-thuong (maire du village).

Deux vieillards sortent alors du village et viennent, en tremblant, offrir, sur un plateau, au chef de la reconnaissance, des œufs et du bétel, le lay (présent) traditionnel, emblème de soumission.

A la question : où sont les pirates ? qui leur est adressée, les trois indigènes font la réponse habituelle : *Com-biet*, « je ne sais rien », réponse invariablement la même, en semblable circonstance, de la part de gens assurés, s'ils donnent la moindre indication sur les pirates, d'avoir la tête tranchée, quelques instants après, par ces derniers.

A ce même moment, une partie de la bande de Dé-Than était réunie dans le village, où elle assistait à un grand repas de funérailles,

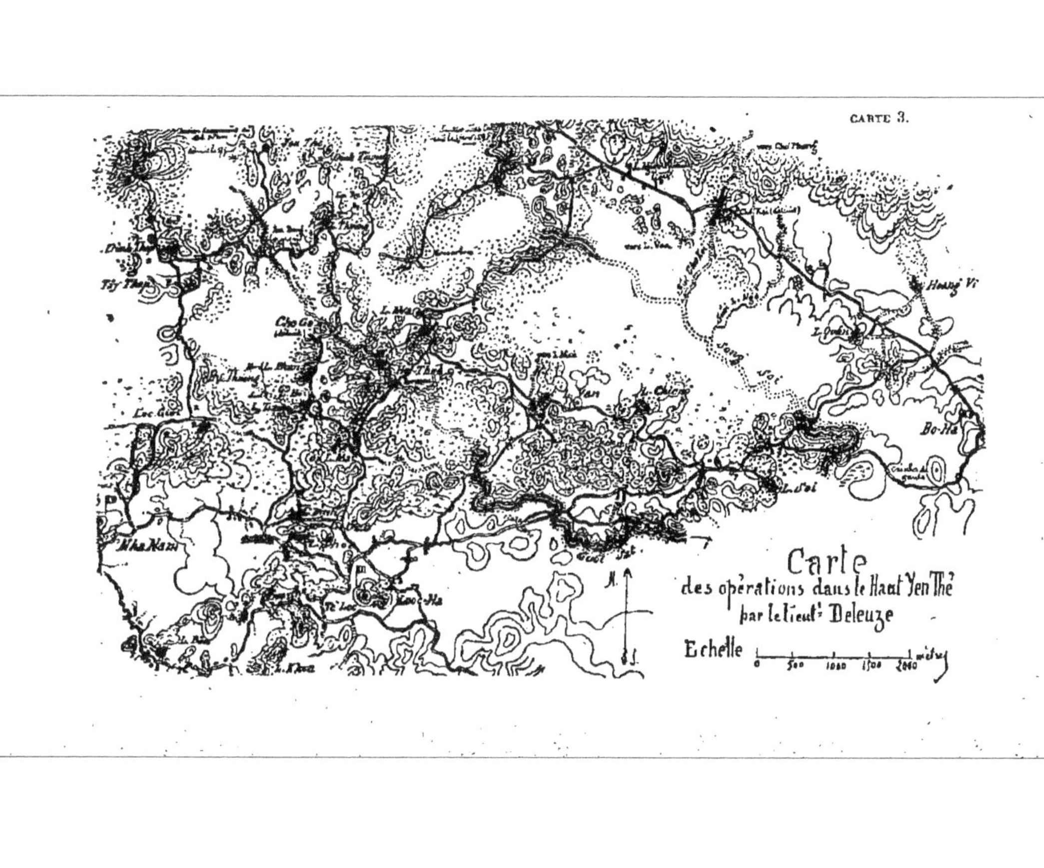

CARTE 3.
Carte
des opérations dans le Haut Yen Thé
par le lieut. Deleuze
Echelle
0   500   1000   1500   2000   mètres
N.
S.

donné par le li-thuong à l'occasion de la mort de sa mère.

Il est quatre heures. Les trois indigènes sont congédiés, et la reconnaissance s'engage sur le chemin qui mène à Bo-Ha. Elle n'a pas parcouru 250 mètres, qu'elle reçoit des coups de fusil, tirés de la lisière du village : le capitaine dispose sa troupe face à Luoc-Ha ; sous sa protection, le lieutenant Bénédetti, avec quelques légionnaires, s'avance jusqu'aux premières cases, auxquelles il met le feu. La colonne reprend ensuite le chemin du retour. Aussitôt, de Luoc-Ha et des flancs du village, surgissent des pirates en grand nombre. Estimant qu'ils viendront aisément à bout de cette poignée de soldats, ils prennent l'offensive ; ils s'avancent, drapeaux déployés, par trois côtés, manœuvrant pour chercher à envelopper la petite troupe.

Celle-ci, vivement harcelée, bat lentement en retraite ; dans ce mouvement, un tirailleur de l'arrière-garde tombe ; un Chinois se précipite sur lui et, à la vue de la colonne, lui tranche la tête qu'il fait voler en l'air en poussant un cri de défi; un coup de feu tiré par le lieutenant Bénédetti, avec l'arme qu'il a prise des mains d'un blessé, l'étend raide mort sur le corps du tirailleur.

Enfin, la reconnaissance parvient, non sans de grandes difficultés, à gagner une petite éminence située à environ 1 kilomètre de Luoc-Ha : là, son chef la reforme, et fait coucher ses hommes, ordonnant de ne tirer qu'à son commandement, pour ménager les munitions.

Les pirates croient que ces dernières sont épuisées; ils se précipitent hardiment, à l'assaut du mamelon, se montrant à découvert; un feu rapide arrête leur élan, et en jette quelques-uns à terre. Un moment d'accalmie succède à cette phase du combat [1]. Le capitaine

---

1. Pendant cette accalmie on entend un pirate crier : « Je me nomme Nguyen-Van-Tinh, je suis un ancien caporal de tirailleurs. Notre bande est très riche, elle est forte de 450 fusils à tir rapide, moi-même j'en possède un que j'ai

Despalanques fait exécuter un autre feu rapide, suivi d'une charge à la baïonnette. Le terrain étant dégagé, il en profite pour se replier sur le Song-Sat et pour traverser ce ruisseau.

La reconnaissance rentre à Bo-Ha à sept heures quarante-cinq.

Elle compte 2 tirailleurs tués, dont les corps et les armes ont dû être abandonnés sur le lieu du combat; et ramène 6 tirailleurs blessés grièvement. Plus de 3 000 cartouches avaient été brûlées dans cet engagement.

Les pertes de l'ennemi sont de 15 tués et de 7 blessés : celui-ci, d'après l'évaluation du capitaine, ne disposait pas de moins de 450 fusils à tir rapide.

Il a fallu au chef de la reconnaissance une grande énergie, à sa petite troupe du calme

volé ces jours derniers aux miliciens de Ha-Chau. Tuez vos Européens et passez à nous. Dé-Tham vous donnera à chacun 50 piastres de première mise et 50 piastres par tête d'Européen que vous apporterez. » Renseignements pris, Nguyen-Van-Tinh est en effet un ancien caporal cassé qui a déserté en 1888.

et de la vigueur, pour se tirer aussi heureusement d'une situation aussi critique.

Le lieutenant Bénédetti, les sergents Junquet et Von-dä-Niken et le légionnaire Huebert se signalèrent particulièrement dans cette affaire par leur belle conduite.

Le capitaine Despalanques, à la tête d'une reconnaissance comptant 80 fusils et 70 miliciens, retourna, le surlendemain, sur le terrain du combat pour donner la sépulture aux corps des deux tirailleurs : il avait reçu l'ordre formel de ne point engager de nouvelle action. De leur côté, les pirates, avisés de son approche par leurs moyens particuliers d'information, se portèrent en nombre sur la lisière de Luoc-Ha et des bois de Hu-Thuong, et, de là, assistèrent, l'arme au pied, à distance, à toute la cérémonie de l'inhumation, sans engager le feu ni troubler cette dernière par leurs défis et par leurs provocations habituels.

Mort du lieutenant Camilatos. — Le 6 juin suivant, le commandant du poste de Bo-Ha apprend qu'une bande de pirates du Yen-Thé, forte de 60 hommes bien armés, pille le village ami de Lang-Phan ; il y dirige aussitôt un détachement de 16 légionnaires et de 16 tirailleurs sous les ordres du lieutenant Camilatos, du 1er régiment étranger.

Grâce au parti que cet officier sait tirer du terrain, l'ennemi est bientôt acculé au Song-Thuong qu'il ne peut pas franchir à gué. Une trentaine de pirates sont tués ou blessés.

Malheureusement, le lieutenant Camilatos tombe mortellement frappé d'une balle à la tête, vers la fin de cette affaire qu'il avait si brillamment conduite et dans laquelle il a été vaillamment secondé par le sergent Von-dä Niken, du 1er régiment étranger, déjà cité, par le sergent Chapuis et le caporal Nguyen-Van-Zäng, du 3e tonkinois.

Dès le mois de mai 1890, les bandes du Yen-Thé bien armées, bien approvisionnées en munitions, exploitaient ainsi toute la région du Yen-Thé et poussaient leurs déprédations jusque dans les régions voisines. « Elles venaient, dit un rapport officiel, périodiquement, avec une insupportable audace, piller et rançonner les villages indigènes jusqu'à portée de fusil des places de Dap-Cau et de Phu-lang-Thuong. »

Nouvelles opérations dans le Yen-Thé. — Dans le courant du mois d'octobre, une expédition fut décidée contre les bandes du Yen-Thé; elle avait pour objet principal : 1° la destruction ou la dispersion de ces bandes; 2° l'établissement, dans cette région, d'un poste militaire destiné à permettre l'administration de ce pays par les autorités indigènes dévouées à notre cause.

Les troupes d'opération furent réparties en trois groupes qui opérèrent sous la direction de M. le général Godin, commandant la 2° brigade, avec le chef d'escadron Régis, de l'ar-

tillerie de marine, comme chef d'état-major .
La force de ces groupes était la suivante :

1er *groupe* : chef de bataillon de Beylié,
commandant : 6 officiers, 213 fusils;

2e *groupe* : chef de bataillon Tane, commandant : 11 officiers, 324 fusils, 80 artilleurs,
4 pièces;

3e *groupe* : capitaine Tétart, commandant :
2 officiers, 140 fusils, 11 artilleurs, 1 pièce.

Le premier objectif des opérations fut Cao-
Thuong, village retranché, devant lequel les
milices venaient d'éprouver un sanglant
échec.

Le 6 novembre, le général, avec les groupes
de Beylié et Tane, attaque ce village. Les
pirates y résistèrent à une violente canonnade
et à deux assauts qui nous coûtèrent 16 tués
ou blessés; le lendemain seulement ils évacuè-
rent la position qui fut alors occupée sans coup
férir.

1. Voir, à l'annexe n° 1, le détail des opérations et des
combats de cette colonne : combats de Cao-Thuong et de
Luoc-Ha.

Pendant l'exécution de cette attaque, le 6 au matin, le groupe Tétart débouchait de Bo-Ha, avec mission de se porter sur Luoc-Ha, pour couper aux bandes de Cao-Thuong leur retraite sur les forêts de Hu-Thuong. (Voir Carte 3.)

A 3 kilomètres avant d'arriver à Luoc-Ha, le capitaine Tétart rencontrait, à cheval sur le sentier et couvrant le village, les pirates au nombre de 450 à 500, disposés en ligne, en une vingtaine de petits groupes, bannières déployées, et offrant le combat.

Grâce au parti qu'il sut tirer du terrain, à son énergie, à la vaillance de la petite colonne, cet officier, après une lutte pied à pied qui ne dura pas moins de sept heures, parvint à couronner un mamelon qui commande ce village : ses pertes se bornaient à quatre blessés.

Le 9 novembre, les groupes de Beylié, Tane et Tétart opèrent leur jonction et marchent sur Tin-Dao. De ce point, ces troupes effectuent, du 10 au 20 novembre, une série de reconnaissances soit sur les lignes de retraite des bandes, soit sur leurs repaires connus. Ces derniers sont occupés sans difficulté; quant aux bandes, elles se soustraient désormais au contact de la colonne, ne laissant devant elles que des arrière-gardes, toujours prêtes à se dérober. Au cours de l'une de ces reconnaissances, le 13 novembre, la troupe venait à peine de pénétrer dans le fortin de Lang-Sat, où les pirates n'avaient opposé qu'une faible résistance, lorsque le lieutenant Plat, de l'infanterie de marine, était tué à bout portant, d'un coup de feu, au moment où il se disposait à faire le levé de la position ennemie. C'était, pour l'armée, une perte regrettable à plus d'un titre.

Dans deux autres reconnaissances effectuées le 19 novembre, un détachement commandé par le lieutenant Blaise, après une action vivement menée, s'emparait de plusieurs pirates, pendant qu'une sortie de la garnison de Phu-lang-Thuong, sous les ordres du capitaine Cozanet, surprenait, à Phu-Khé, avec le concours de la canonnière le *Moulun*, une petite bande du Yen-Thé, à laquelle elle tuait 7 hommes et enlevait 6 fusils à tir rapide. Le 20 novembre avait lieu la dislocation de la colonne du Yen-Thé.

Première opération contre Hu-Thué.

Le 12 novembre, dans le cours des opérations de la précédente colonne, un nouveau poste avait été créé à Nha-Nam, sur l'emplacement de l'ancien poste de Tin-Dao.

Le capitaine Plessier, du 1er étranger, qui le commandait, reçut l'ordre de profiter du séjour que devait effectuer dans ce poste une colonne placée sous les ordres du chef de bataillon Tane, pour exécuter une reconnaissance vers Hu-Thuong, et rechercher les repaires fortifiés dont on signalait l'existence, dans les bois, à proximité de ce village.

Cette reconnaissance, comprenant 136 fusils

et une pièce de montagne, quitte Nha-Nam le 9 décembre 1890.

Après avoir dépassé le village de Hu-Thuong, l'avant-garde s'engage dans un sentier sous bois, se dirigeant vers le nord-est : elle est aussitôt accueillie par une fusillade très nourrie. A huit heures trente, tout le détachement qui s'est porté en avant se heurte à des ouvrages fortifiés situés en pleine forêt. (Voir Carte 4.)

Après une lutte qui dure plusieurs heures, le capitaine Plessier, estimant avec raison que son effectif est trop faible pour tenter une attaque de vive force, se retire sur Nha-Nam. Cette première opération nous coûte 2 tués et 4 blessés.

La reconnaissance avait obtenu un résultat important : elle avait constaté l'existence, au milieu des bois de Hu-Thué, à environ une heure de marche de Nha-Nam, d'un ouvrage principal paraissant très solidement organisé et dont les abords étaient battus par un ouvrage secondaire, tranchée ou redoute, établi au nord de ce dernier.

Le fameux repaire des bandes du Yen-Thé était enfin découvert! Depuis plusieurs mois, à différentes reprises, des colonnes, accompagnées par les autorités indigènes elles-mêmes[1], avaient en vain sillonné les bois de la région de Hu-Thuong à sa recherche, fouillant les abords des rares villages que l'on y rencontre, poussant des reconnaissances dans toutes les directions!

Il ne s'était pas rencontré jusqu'alors un seul indigène assez hardi pour oser les y conduire, tellement était grande, parmi la population, la terreur inspirée par ces pirates qui avaient menacé d'épouvantables représailles le village tout entier dont l'un des habitants révélerait ce lieu de leur retraite! Et cependant, ainsi que nous le verrons dans la suite, des milliers de journées de coolies

1. Un mandarin provincial, le quan-an de Bac-Ninh, avait marché avec la précédente colonne.

avaient été nécessaires pour élever ces retranchements contre lesquels se sont brisés les efforts de plusieurs colonnes, et dont l'attaque va donner lieu à une série d'engagements et de brillants faits d'armes qui feront ressortir une fois de plus la vaillance et le dévouement de nos soldats, Européens et Indigènes, en même temps qu'ils mettront en relief les sérieuses qualités militaires que sont susceptibles d'acquérir ces bandes, quand on les laisse, pendant de longs mois, s'armer et s'organiser à loisir.

Dans cette première rencontre, le capitaine Plessier eut affaire à environ deux cents pirates, munis pour la plupart de fusils à tir à répétition et constituant une sorte de garnison permanente du repaire de Hu-Thué, dans lequel étaient en outre réunis plusieurs centaines de femmes et d'enfants, des buffles, des chevaux, etc., produits de récentes rapines. Ce repaire était ordinairement couvert, à distance, par de petits groupes de pirates qui, postés sur la lisière des bois et dissimulés dans les broussailles, observaient les mouvements de nos détachements; plusieurs de ces derniers avaient précédemment défilé à une faible portée de ces petits postes sans avoir été inquiétés.

De même, à l'approche de la reconnaissance du 9, ces groupes se replièrent sur le fortin, sans tirer, espérant jusqu'au dernier moment que leur présence ne serait pas décelée, et ce n'est que lorsque l'avant-garde se heurta à leurs premières défenses, que les pirates ouvrirent le feu : puis, au cours de l'action dont la durée n'avait pas été moindre de trois heures, ils détachèrent quelques-uns des leurs dans l'ouvrage annexe pour obtenir des feux croisés sur la colonne.

DEUXIÈME OPÉRATION CONTRE HU-THUÉ.

Au retour de la reconnaissance du capitaine Plessier, le commandant Tane se décide immédiatement à opérer avec sa colonne contre les ouvrages de Hu-Thué : le but qu'il se propose est, en premier lieu, l'enlèvement de l'ouvrage annexe, puis la prise du fortin principal. (Voir Carte 3.)

Il part de Nha-Nam, le 11 décembre, avec 280 fusils et une pièce de montagne.

Son avant-garde est arrêtée à hauteur de Hu-Thuong par de nombreux coups de feu partant de la lisière des bois : les positions avancées de l'ennemi sont bientôt enlevées.

A neuf heures trente, la section, lieutenant Bestagne, et le peloton, lieutenant Blaise, chargés de l'attaque de l'ouvrage annexe, franchissent le ruisseau Ngoï-Sat, sorte de fossé de 8 à 10 mètres de largeur, aux rives abruptes et ayant, dans cette partie de son cours, plus d'un mètre d'eau de profondeur. Une escouade de tirailleurs pénètre dans cet ouvrage sans éprouver de résistance : celui-ci a la forme d'une demi-redoute et peut recevoir une cinquantaine d'hommes.

A dix heures quarante minutes, après que quelques obus ont été tirés dans la direction présumée du fortin, le commandant Tane donne l'ordre de procéder à l'attaque de cet ouvrage.

A onze heures trente, les fractions chargées de cette mission, après avoir gagné péniblement du terrain, à travers bois, sont parvenues à pousser une partie de leur première ligne jusqu'à une soixantaine de mètres de la face nord-ouest du fortin; le feu est engagé sur tout ce front.

Les hommes se tiennent couchés ou à genou, un peu en arrière de la lisière, abrités derrière des troncs d'arbres; dans cette position à peine les plus avancés distinguent-ils la crête de l'ouvrage qui est établi de manière à être défilé des vues du terrain avoisinant. Pour apercevoir une partie du parapet, il faut se placer debout, sur la lisière même; l'homme est alors le point de mire sur lequel est dirigée une grêle de balles tirées par un ennemi invisible. Celui-ci, en effet, fait feu sans se découvrir, par des créneaux ménagés dans l'épaisseur du parapet : seuls, sur la banquette de chaque face, deux pirates se promènent l'arme sur l'épaule droite, avec le calme de soldats montant une faction. Quand un mouvement se produit dans le bois, ils s'arrêtent et, l'arme au pied, crânement, sans tirer, observent avec soin la lisière : si l'un d'eux tombe, il est aussitôt remplacé par un autre. Un indigène, du haut d'un arbre élevé qui se trouve au milieu du fortin, scrute de son côté, du regard, l'épaisseur de la forêt. Se basant sur leurs indications, le chef pirate Dé Than donne nettement ses commandements, au moyen d'un porte-voix, proportionnant l'intensité du feu des défenseurs à l'importance du résultat à obtenir.

Ainsi, des hommes isolés se présentent-ils sur la lisière, un feu de salve de quelques coups est dirigé sur eux. Un groupe de soldats, des officiers, sont-ils aperçus : *Quan mott!*

Quan haï! « Un officier porteur d'un galon! »
« Un officier porteur de deux galons! » crie
l'observateur, et aussitôt c'est une gerbe de
balles qui fauchent la lisière, fouillant le bois
en arrière.

Si c'est un mouvement en avant de la ligne
de l'assaillant qui est signalé, trois à quatre
feux de salve et quelques coups de caronade
déchirent l'air, suivis d'une fusillade très
nourrie qui ne peut être obtenue que par un
tir de fusils à magasin; en même temps une
deuxième ligne de feux couronne la crête du
parapet. Puis, pendant que la fumée se dis-
sipe, un silence menaçant, terrible, se fait
tout à coup, bientôt interrompu par de nouvelles décharges de mousqueterie.

Dans ces intervalles de cessation du feu,
parfois les colloques les plus étranges s'engagent entre pirates et tirailleurs, rappelant ces
scènes des héros d'Homère auxquels certains
épisodes de cette guerre ressemblent par tant
de côtés, notamment par la simplicité, par la

naïveté des acteurs et par la nature de ces combats dans lesquels l'initiative, le courage individuel et la ruse jouent un si grand rôle [1].

1. Un ancien chef d'une petite bande annamite, nommé Tho, s'était enrôlé avec toute sa bande, dans le 3ᵉ tonkinois, lors de la formation de ce régiment. Depuis, par son intelligence et par sa belle conduite au feu, Tho avait conquis les galons de doï (sergent).

Doï Tho, qui connaissait à merveille les mœurs de ses anciens compagnons de rapines et tous les vocables de leur langage, était, dans ces circonstances, le porte-parole habituel des tirailleurs.

Le 11 décembre, il faisait le coup de feu, couché sur la lisière; non loin de là était son officier de section. « Braves tirailleurs, criait à tue-tête un pirate, d'un bastion rapproché, venez à nous, avec vos armes. Ce n'est pas à vous que nous en voulons; mais aux Français, vos maîtres, qui sont la cause de tous les maux dont souffre notre pays. Venez! abandonnez vos supérieurs.

— Nous sommes soldats et gens de devoir, répondait Doï Tho; nous n'abandonnerons pas nos chefs.

— Nous sommes ici dans une position inexpugnable, reprenait le pirate; vous allez tous vous faire sottement tuer. Venez, vous verrez comme notre chef Dé Than vous traitera bien !

— Mais nous sommes très bien traités par nos officiers; nous sommes très heureux, répondait Doï Tho.

— Nous vous avons épargnés jusqu'ici, prenez garde! criait alors le pirate; si vous n'écoutez pas nos conseils, vous aurez le cou coupé. Vous y passerez tous sans exception.

— Feu de quatre cartouches », commandait l'officier; et la fusillade recommençait plus vive des deux côtés, couvrant la voix de Doï Tho qui, devenu le point de mire d'une dizaine de fusils, s'aplatissait contre terre en hurlant : « Ah! mais, vous employez là de vilains procédés! vous m'avez troué mon salacco et mon kai-ao (vareuse). Tas de lâches! gredins! scélérats! »

A midi quarante, jugeant que la troupe ne pouvait, sans grands dangers, rester exposée plus longtemps, à cette faible distance, aux feux des défenseurs de l'ouvrage; constatant l'inefficacité complète du tir de l'infanterie contre ce dernier, et ayant reconnu l'impossibilité de l'emploi de la pièce d'artillerie pour ouvrir une brèche, le commandant Tane ordonne la retraite.

Lorsque la colonne, bien au delà de la sortie des bois, fit une halte pour se reformer, on constata avec douleur que, malgré le calme et le bon ordre qui avaient présidé à cette retraite, le corps de l'un des soldats tués, celui d'un tirailleur, avait disparu : les coolies-brancardiers, chargés de le transporter à l'ambulance, avaient profité d'un moment où ils s'étaient trouvés isolés, pour le jeter dans la brousse, ayant hâte de se débarrasser d'un fardeau qui pouvait, si les circonstances s'aggravaient, les gêner fort dans leur fuite. Retour à Nha-Nam, le 11 décembre, à quatre heures du soir.

Pertes. — Tués : un soldat d'infanterie de marine;
un tirailleur. Blessés : un sergent du 11ᵉ régiment
d'infanterie de marine; trois tirailleurs de la 6ᵉ compagnie; un coolie-brancardier; en outre, une vingtaine
d'hommes avaient eu leur arme détériorée ou leurs
vêtements traversés par les projectiles ennemis.

Munitions consommées. — Artillerie : quelques obus.
Infanterie de marine : 2 300 cartouches de fusil Lebel.
Tirailleurs : 2 500 cartouches de fusil, modèle 1874.

La colonne avait eu à lutter contre la même
bande de pirates, renforcée par une centaine
de fusils accourus des villages voisins. Les
efforts de l'ennemi furent concentrés dans la
défense de l'ouvrage principal.

**Représailles exercées par les pirates
contre Luoc-Ha.** — Le lendemain de ce
combat fut marqué par un de ces actes horribles de sauvagerie qui ensanglantent si
souvent ce malheureux pays. Une bande
de pirates, venant de Hu-Thué, se rendit
à Luoc-Ha, distant de Nha-Nam d'environ
une lieue, pour se saisir d'un missionnaire espagnol qu'ils soupçonnaient d'avoir,
de complicité avec quelques habitants de ce

village, révélé aux Français l'emplacement du repaire de Hu-Thué. Ce missionnaire, accompagné par quelques indigènes, s'était présenté, le 9 au soir, devant le chef du poste de Nha-Nam, et lui avait demandé l'autorisation de se rendre à Luoc-Ha, pour y administrer un malade. L'arrivée de ce missionnaire ayant coïncidé avec le moment où le commandant Tane ordonnait ses dispositions en vue de l'action qu'il projetait, cet officier supérieur jugea prudent de le retenir auprès de lui jusqu'à l'heure où il se mettrait lui-même en route, pour éviter que celui-ci fût exposé à révéler ce qu'il connaissait des dispositions qui venaient d'être arrêtées. En entendant cet ordre, les cavaliers qui accompagnaient le missionnaire s'enfuirent à toute bride. Ces cavaliers étaient de Luoc-Ha; sachant que leur démarche auprès du commandant de Nha-Nam serait dénoncée aux pirates comme une défection par les espions que ceux-ci entretiennent partout, même dans nos camps, ils allèrent, le soir même de l'affaire du 11, avec quelques habitants de Luoc-Ha, se présenter au chef des pirates, à Hu-Thué, pour lui renouveler leurs assurances de soumission et pour donner des explications sur cette démarche.

Ces dernières ne furent guère convaincantes, car les infortunés furent décapités séance tenante. La bande envoyée à Luoc-Ha n'y trouva pas le missionnaire qui, prévenu de son approche, avait réussi à s'échapper et s'était réfugié dans un village voisin, à Lang-Ham, village catholique comme celui de Luoc-Ha. Les pirates l'y poursuivirent, le tuèrent ainsi que plusieurs habitants, puis pillèrent et brûlèrent le village. Ils se saisirent en outre d'une vingtaine de personnes de Luoc-Ha, hommes et femmes, qu'ils entraînèrent sur une petite éminence à quelques centaines de mètres à l'est du village ; là, ils les firent périr dans d'atroces souffrances ; puis, comme complément de leur châtiment, ils dispersèrent les membres mutilés et sanglants de leurs victimes, et les laissèrent pour pâture aux oiseaux de proie.

C'est, on le sait, par de semblables hécatombes humaines et en mettant souvent en œuvre tous les raffinements de cruauté des supplices si variés des Orientaux, que les bandes de pirates jettent la terreur parmi les populations et s'assurent la connivence ou la discrétion absolue des habitants des régions dans lesquelles elles opèrent.

Le 14 décembre, l'une des sentinelles de garde sur le parapet du poste de Nha-Nam aperçut, au point du jour, un fanion blanc et vert qui flottait dans la plaine, à petite distance du poste. Ce fanion était taché de sang : il avait été abandonné par l'un des tirailleurs tués ou blessés devant Hu-Thué, lors du dernier combat. A la hampe du fanion était attachée une lettre dont la traduction presque littérale est la suivante :

Le 1ᵉʳ du 11ᵉ mois de la 6ᵉ année du roi Ham-Nghi [1]
(12 décembre 1890).

*Than [2], gouverneur des forces des provinces de
Thaï-Nguyen et de Bac-Ninh, remplissant provisoirement les fonctions de Pho-Thong-Thuong
(commandant en second) des troupes de l'avant-
garde,... à MM. les officiers français.*

Ici-bas, les principaux mobiles de nos actions
doivent être la gratitude pour nos bienfaiteurs,
la fidélité aux mœurs et aux institutions natio-
nales : mais jamais le sentiment de notre puissance ni celui de la faiblesse d'autrui.

Vous, Français, vous vous êtes appuyés sur la

---

1. Ham-Nghi, le roi d'Annam interné en Algérie, le seul
que les rebelles reconnaissent pour leur roi légitime.

2. Than est le nom du chef de l'une des bandes principales du Yen-Thé ; il est connu sous le nom de Dé Than :
Dé étant une abréviation de Dé-Doc (général). Dé Than a
pour lieutenant Ba Phuc, un vieillard de 65 ans, renommé
pour sa cruauté, et pour sa haine contre les Français.

Le chef de la seconde bande la plus importante du Yen-
Thé a nom Dé Nam : son lieutenant est Dé Sat. Avant les
événements de Hu-Thué, chacune de ces bandes pouvait
mettre en ligne 250 à 300 fusils à tir rapide, au minimum.
Lorsque ces deux bandes se réunissaient pour tenter une
action commune contre nos troupes ou contre des villages fortifiés qui refusaient de leur payer un impôt, Dé
Than prenait d'ordinaire la direction des opérations militaires ; Dé Nam ayant principalement dans ses attribu-
tions la partie commerciale des opérations des bandes du
Yen-Thé (relations avec les Chinois : vente des femmes
capturées ; achat d'opium, de fusils, de munitions, etc.).

force de votre armée pour venir vous emparer de la terre d'Annam.

Nos troupes sont bien inférieures en nombre aux vôtres : c'est pourquoi nous sommes obligés de chercher un refuge au fond des forêts, pour conserver la fidélité à notre souverain et la libre pratique de nos mœurs et de nos coutumes.

En ce qui me concerne, je ne vous ai jamais disputé un village ni une citadelle! Qu'ai-je donc fait pour encourir votre colère?

Vous avez envoyé des officiers et des soldats pour me relancer jusque dans ce lieu qui, par sa désolation, semble toucher à l'empire des morts. Pourquoi vouloir me chasser de cette forêt! Si vous y réussissez, sachez que je m'en irai dans une autre et si celle-ci était encore prise, j'irai plus loin, et ainsi de suite. Il ne manque pas, dans la direction du Nord, d'immenses étendues de forêts et de montagnes, que vous ne pourrez jamais avoir tout entières en votre possession.

Celui qui convoite la terre d'autrui est un ambitieux.

Celui qui, ayant été vaincu, ne renonce pas à la lutte, est un insensé.

La poursuite de vos projets ambitieux et de vos sentiments de vengeance aurait pour résultat, par les malheurs qu'elle entraînerait, de susciter un grand mécontentement parmi les populations et parmi vos soldats; des séditions et une insurrection générale en seraient les fruits.

Si les faits qui se passent ici étaient portés à la connaissance des hommes illustres des autres nations, vous seriez l'objet de leur risée.

Quel intérêt pouvez-vous avoir à nous disputer cet endroit aride! Quel dommage retireriez-vous de l'abandon de ce coin de forêt!

Les hommes qui ont vraiment de la grandeur d'âme n'enverront jamais à la mort des officiers et des soldats pour la vaine satisfaction d'un sentiment de petite colère.

C'est au nom des lois de l'humanité que je vous prie, messieurs les officiers français, de peser les considérations qui précèdent.

Signé : Sceau de Dé Than.

Troisième opération contre Hu-Thué.

Combat du 22 décembre 1890. Mort du lieutenant Blaise.

A la nouvelle du résultat des engagements des 9 et 11 décembre, le général en chef décida qu'une action vigoureuse serait promptement entreprise contre le repaire des bandes des pirates de Hu-Thué.

Le 20 décembre, dans la matinée, une colonne constituée au moyen d'éléments prélevés sur les garnisons des places de Bac-Ninh, Dap-Cau, Thaï-Nguyen, Bo-Ha et Kep, était concentrée dans les environs du poste de Nha-Nam.

Le commandement en fut confié au lieutenant-colonel Winckel-Mayer, avec le lieutenant Brezzi comme major de colonne.

La journée du 21 décembre est employée à faire effectuer deux fortes reconnaissances dans le but d'explorer les sentiers qui par Luoc-Ha au sud, par Cho-Go au nord, mènent à la position de Hu-Thué. Le pays parcouru par ces reconnaissances est entièrement couvert de bois très épais, séparés par d'étroites bandes de terrain envahies par de très hautes herbes. Les sentiers sont obstrués par des abatis et par de petits piquets; et, sur la lisière des bois, de petits groupes de pirates sont placés en observation. L'officier d'artillerie qui accompagne chacune d'elles n'a remarqué aucune position favorable pour l'établissement des pièces. Dans ces conditions, le lieutenant-colonel, commandant la colonne, se décida à opérer sur le terrain d'action des colonnes précédentes, en raison de la connaissance que l'on avait de ce terrain, et des renseignements déjà obtenus sur l'emplacement des ouvrages ennemis.

Il divisa ses forces en trois groupes commandés : le premier par le commandant Tane ; le second par le capitaine Robert ; le troisième par le capitaine Ronget.

L'effectif total des trois groupes comprenait : 27 officiers ; 306 soldats européens ; 280 tirailleurs ; 126 artilleurs, européens ou indigènes ; 5 pièces de 80 millimètres de montagne.

Le commandant de la colonne se proposait, comme premier objectif, de prendre position à proximité des ouvrages ennemis, et d'organiser sur ce point, par le débroussaillement de la forêt, un emplacement permettant la mise en batterie de son artillerie.

Le 22 décembre, à huit heures du matin,

départ de Nha-Nam; le premier groupe forme la tête de la colonne. A neuf heures, l'avant-garde fouille les villages de Hu-Thuong, puis elle prend le sentier qui conduit à Hu-Thué. La lisière du bois, une coupure et une case de garde sont occupées sans difficulté. A dix heures, la colonne a pris une position d'attente et procède au débroussaillement.

Premier groupe. — Le peloton Blaise (3ᵉ tonkinois), faisant face à l'ouvrage nord, garde le flanc gauche de la colonne. Le peloton Tétart (2ᵉ tonkinois), sous la protection du peloton Audebert (infanterie de marine), débroussaille une bande de terrain de 20 mètres, à partir de la case de garde et dans la direction du fortin. Toute l'artillerie est en batterie face au sud-est, à hauteur de la case de garde, et en arrière d'un épaulement que l'on constitue au moyen de petites caisses de munitions remplies de terre. Le peloton Meyer de la légion est en soutien de l'artillerie.

Deuxième groupe. — Le deuxième groupe

prend position à droite de l'emplacement de l'artillerie ; il débroussaille de ce côté une bande de terrain dans les mêmes conditions que le premier groupe.

Troisième groupe. — Ce groupe, qui comprend la réserve et le convoi, est établi dans la rizière, au point où le sentier pénètre dans le bois ; l'ambulance est placée dans une dépression de terrain, à l'ouest de l'artillerie.

Il est midi : une coulée d'une centaine de mètres est frayée dans le bois ; le travail de débroussaillement est suspendu pour donner aux hommes un peu de repos.

A midi trente minutes, au moment de la reprise des travaux, une vive fusillade, venant de l'est et du nord-est, est dirigée sur les travailleurs et jette un certain désordre parmi eux : les troupes chargées de les protéger ripostent aussitôt, puis dégagent le terrain pour permettre le tir de l'artillerie ; celle-ci ouvre alors le feu dans la direction de l'attaque, mais sans possibilité de repérer son tir,

en raison toujours de l'épaisseur de la forêt
et de la hauteur des arbres.

Le commandant de la colonne donne au
commandant du premier groupe, qui devient
groupe de gauche, l'ordre de se porter sur

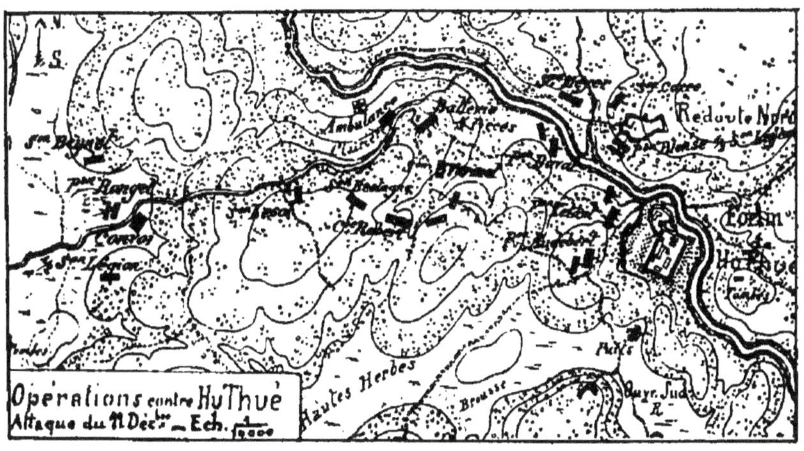

l'ouvrage nord et de s'en emparer; au commandant du deuxième groupe (groupe de
droite), l'ordre de marcher contre le fortin.

En exécution de cet ordre, le commandant
Tanc prescrit :

1° Au lieutenant Blaise de franchir le
Ngoï-Sat, de marcher avec son peloton sur

la demi-redoute et de l'enlever ; le peloton Meyer lui servira de soutien.

2° Au peloton Tétart, soutenu par le peloton Audebert, de s'établir dans une position d'attente face au nord-est, sa droite à la batterie, sa gauche au Ngoï-Sat.

Premier assaut. — Le peloton Blaise franchit le Ngoï-Sat, puis le lit d'un ruisseau qui se jette dans ce cours d'eau ; une ancienne rizière, d'une soixantaine de pas de largeur, sépare le ruisseau du retranchement ennemi.

Lorsque le lieutenant Blaise, enlevant ses hommes, veut traverser cette rizière, un feu rapide exécuté par des fusils à tir à répétition arrête net sa première ligne. Celle-ci se rejette vivement dans le ruisseau, où son chef la reforme promptement et demande des renforts.

A l'aile droite, le deuxième groupe (capitaine Robert), trouvant devant lui un bois impénétrable qui le met dans l'impossibilité d'avancer, reçoit l'ordre de se maintenir dans sa première position et de garder le flanc droit de la colonne, puis de renforcer le groupe Tane d'un peloton d'infanterie de marine (sous-lieutenant Corre) et d'une section de tirailleurs (capitaine Daval).

Deuxième assaut. — A deux heures, le chef de bataillon Tane donne au lieutenant Blaise l'ordre d'exécuter un nouvel assaut et fait disposer les fractions Corre et Daval en réserve, en arrière de la colonne d'attaque.

Ce deuxième assaut porte le peloton Blaise, renforcé par quelques légionnaires, à une vingtaine de pas seulement de la demi-redoute, au pied d'une pente assez raide, très broussailleuse, dont le retranchement couronne le sommet ; mais la violence du feu, la valeur défensive de cet ouvrage dont, depuis le combat du 11 décembre, l'ennemi a augmenté les dimensions et qu'il a transformé en un ouvrage fermé, brisent l'élan de la troupe qui, de nouveau, doit se replier dans le lit du ruisseau.

Dans ce mouvement rétrograde, une légère panique se produit sur la ligne d'attaque : les coolies brancardiers se sont enfuis entraînant quelques hommes qui viennent se jeter sur le peloton de légionnaires. Le lieutenant Meyer qui a suivi, avec ce peloton, le mouvement de la première ligne, à 100 mètres en arrière, recueille ces hommes et les fait ramener au combat par l'une de ses sections qu'il envoie comme renfort au lieutenant Blaise. Pendant ce mouvement, un tirailleur qui, quelques instants plus tard, sera grièvement blessé, s'était fait une entorse et était resté au milieu de la rizière : le sergent Niclause, protégé par une escouade de tirailleurs, va chercher cet homme sous le feu de l'ennemi et le rapporte sur son dos.

Troisième assaut. — A trois heures, le lieutenant Blaise reçoit de nouveau l'ordre d'enlever la redoute. « Gardez bien ma gauche », prescrit-il au lieutenant Meyer qui fait alors un crochet défensif pour maintenir à distance un parti ennemi qui menace de déborder la colonne par le nord. Et tout aussitôt, les fractions Blaise, Corre et la section de légionnaires se ruent sur l'ouvrage, la baïonnette au canon. Les fusils des hommes de la première ligne sont presque bout à bout avec ceux des pirates : mais ceux-ci résistent énergiquement derrière le parapet, protégés par les abatis et par le réseau de lianes qui l'entourent ; l'acharnement est tel de part et d'autre que le lieutenant Blaise et des sous-officiers, arrivés au pied du retranchement, déchargent les six coups de leurs revolvers à travers les meurtrières par lesquelles passent les canons de fusil des pirates, sans réussir à ralentir un seul moment le feu de ces derniers. En quelques minutes, une partie de la troupe d'assaut est hors de combat et le lieutenant Blaise tombe mortellement blessé.

Le sous-lieutenant Corre prend le commandement de la ligne d'attaque ; il tente un effort désespéré pour pénétrer dans la redoute : c'est en vain ; il est repoussé à son tour.

La mort du lieutenant Blaise est un de ces remarquables exemples de bravoure et de sacrifice au devoir qui élèvent leurs auteurs au rang des héros. Si les nécessités de la politique veulent que de pareils dévouements restent pendant quelque temps ignorés et ne soient portés à la connaissance du public que sous la rubrique banale de « décédé au Tonkin », il convient de les tirer le plus tôt possible de l'oubli et de leur rendre la place d'honneur à laquelle ils ont droit dans le martyrologe de ceux qui se sacrifient pour le pays.

Blaise avait une de ces natures d'élite faites pour les sublimes dévouements. Officier instruit et de grand avenir, il s'était déjà distingué dans plusieurs combats par sa valeur et par un sang-froid remarquable devant le danger : c'est entre ses bras qu'un mois avant, à Lang-Sat, le lieutenant Plat avait rendu le dernier soupir.

Le récit ci-après de la mort de Blaise, qui nous fut fait par l'un de ses camarades qui combattit à ses côtés dans cette affaire, nous dépeint, d'une manière simple et touchante, l'état de l'âme de ce jeune et vaillant officier qui allait au feu avec le triste pressentiment que cette journée serait pour lui la dernière ; il nous donne en même temps un tableau saisissant de ce glorieux épisode de nos guerres du Tonkin.

Nous étions établis depuis plusieurs heures devant les ouvrages des rebelles de Hu-Thué, lorsque l'ordre de l'attaque fut donné. L'artillerie, après avoir canonné les ouvrages, cessa le feu ; nous avions pris, pendant ce temps, nos positions de combat.

Je me trouvais avec mon peloton d'infanterie de marine, à droite de l'artillerie, en plein bois, dans cette position énervante de l'attente où l'on ne voit rien, où l'on n'entend que le sifflement de quelques balles perdues qui, ricochant d'arbre en arbre, passent à vos côtés.

Sur la gauche, au contraire, la fusillade ne discontinuait pas et, par intervalles, était très intense. L'action devait être chaude de ce côté et je pensais aux camarades qui s'y trouvaient.

A ce moment, on m'envoya l'ordre de me porter à l'aile gauche pour renforcer la colonne d'attaque commandée par le lieutenant Blaise : c'était donc lui qui était si vivement engagé !

Aussitôt, je me rappelai sa tristesse du matin, à Nha-Nam. Il avait été désigné pour commander l'avant-garde : prêts tous deux avant l'heure, nous nous promenions dans le camp, échangeant nos impressions, pendant que les hommes faisaient leurs derniers préparatifs de départ. Lui qui, les jours de combat, montrait toujours tant d'entrain et de gaieté, avait sur le visage un air de profonde tristesse qui me frappa. Il me parla du 22 décembre 1870, jour de la mort de son père, le *général Blaise*, tué au combat du Bourget. « Ah ! je voudrais bien que cette journée fût finie ! » me répéta-t-il plusieurs fois. J'essayai de dissiper ses idées de tristesse. Puis, l'heure du départ ayant sonné, nous nous séparâmes.

Lorsque je rejoignis Blaise, il était dans un petit arroyo (cours d'eau) en train de reformer sa petite colonne : deux fois déjà, il avait échoué dans l'attaque d'une redoute, véritable tanière de bêtes fauves qui était là devant nous, à cinquante pas à peine, masquée, dans un massif de lianes et d'arbustes ; et, avec de l'eau jusqu'à la ceinture, pendant que les balles passaient drues, serrées, au-dessus de nos têtes, nous pûmes nous entretenir un instant. Je lui communiquai l'ordre que j'avais reçu de prendre à nous deux, coûte que coûte, cette redoute qui empêchait la marche en avant de nos troupes. « J'ignore, me dit-il, quelle sera l'issue de cette nouvelle attaque; mais je crains bien d'échouer encore une fois. » Son front était sombre, sa parole brève; je vis que son esprit était toujours hanté par les mêmes pressentiments dont il avait été assailli le matin : mais, avec ses tirailleurs et le peloton de braves soldats que je lui amenais, il ne devait pas exister d'obstacles qui pussent nous arrêter.

« Allons, me dit-il, le peloton d'élite va donner encore une fois »; et c'était en effet une troupe d'élite que ces tirailleurs de la 6ᵉ compagnie qui, dans ces trois dernières années, avec les *Montera*, les *Pegna*, les *Blaise*, avaient pris part à vingt combats et avaient laissé plus de la moitié de leur effectif sur le terrain. Et, nous serrant la main en nous disant adieu, nous nous élançâmes à l'assaut. Assaut terrible! les pirates suspendaient par instants le tir pour nous recevoir par une pluie de balles quand nous arrivions au pied de la redoute. Trois fois, nous fûmes repoussés et trois fois nous revînmes à la charge; le visage des hommes était noir de poudre par les coups de feu que nous échangions à bout portant avec l'ennemi. Au troisième assaut, *Blaise* tombe mortellement frappé : une balle venait de lui traverser les deux cuisses. Je me précipitai vers lui : « Il y a aujourd'hui, me dit-il, vingt ans que mon père a trouvé la même mort.... » Je n'écoutai pas davantage, et, ivre de fureur, je redoublai d'efforts contre la redoute; ce fut en vain!

La retraite était commencée et je repris ma place dans la colonne. Sur un brancard qui passait, je reconnus mon pauvre camarade et je voulus lui dire un dernier adieu. « Eh bien! prononça-t-il d'une voix faible, avais-je dit vrai!... » Je ne pus lui répondre qu'en lui serrant plus fortement la main! Sa dernière pensée était pour les êtres chers qu'il laissait là-bas, bien loin, sur la terre française et pour cette maudite redoute contre laquelle l'effort de nos braves soldats avait échoué.

Un devoir sacré s'impose : il faut procéder sans retard à l'opération, si difficile sous les balles de l'ennemi, de l'enlèvement des morts et des blessés, de crainte que, dans une sortie des défenseurs, les blessés soient égorgés, les morts décapités.

A ce moment, une sonnerie faite avec un cornet à bouquin et rappelant le « Cessez le feu » de nos clairons retentit dans la redoute :

comme par enchantement, la fusillade cesse, et une voix crie en langue annamite : « Vous pouvez enlever tranquillement vos morts et vos blessés [1] ».

A la vérité, à partir de ce moment et pendant les vingt minutes que dura cette pieuse besogne et qui semblèrent de longues heures, aucun coup de feu ne fut tiré de la redoute. La fusillade ne recommença que lorsqu'un mouvement de troupe qui se produisit sur la première ligne, en exécution des dispositions

1. Nous tenons ces détails de la bouche même d'officiers et de sous-officiers présents à cette affaire. Des sous-officiers indigènes disent encore que les pirates auraient ajouté : « Nous savons faire la guerre comme les Français ». Le Quan-Huyen du Yen-Thé, ancien mandarin militaire, auquel nous demandâmes des explications sur cet incident, nous répondit qu'il avait agi de la même manière, par bravade, dans une circonstance analogue. Un jour, une forte bande de Chinois vint attaquer son village; elle fut repoussée, laissant de nombreux morts et blessés sur le terrain. Les Chinois cessèrent le feu et allaient procéder à l'enlèvement de ces derniers. Le Quan-Huyen fit suspendre le feu de son côté et s'adressant aux Chinois : « Vous pouvez enlever tranquillement vos morts et vos blessés, leur cria-t-il; quand vous aurez fini, nous recommencerons le combat, si vous le désirez ». — Dans son opinion, les pirates de Hu-Thué auraient agi ainsi principalement pour bien montrer aux Français qu'ils ne redoutaient nullement leurs attaques.

ordonnées pour protéger la retraite, fit croire à l'adversaire à la reprise de l'action.

Attaque du fortin. — Pendant l'exécution de cette succession d'attaques infructueuses dirigées contre l'ouvrage nord, les fractions Tétart, Lefort et Audebert se sont avancées, sur la rive droite du Ngoï-Sat, dans la direction du fortin. La marche est lente et pénible ; partout la forêt avec ses hautes futaies et ses impénétrables fourrés ; en outre, toute cette zone repérée par l'ennemi est battue par ses feux, bien qu'il soit impossible de distinguer les positions qu'il occupe.

Le capitaine Tétart arrête un moment la première ligne et se porte en avant, de sa personne, escorté de trois tirailleurs et d'un sous-officier. Arrivé sur la lisière, il découvre la ligne des feux ennemis constitués par deux étages de créneaux et par des tranchées disposées au ras du sol de chaque côté du fortin ; on entend en outre, sur des mamelons situés au nord et au sud, des commandements de chefs, les sons lugubres des trompes chinoises : ce sont des renforts qui arrivent, des groupes qui se forment et prennent position en vue d'une attaque générale qu'ils préparent.

Le capitaine Tétart veut porter l'une des sections sur la lisière ; une pluie de projectiles tirés de trois côtés à la fois s'abat sur les tirailleurs qui se couchent, à plat ventre, dans une légère dépression du sol. Une autre section vient prolonger la chaîne, soutenue en arrière par le peloton Audebert : ce mouvement donne lieu à une fusillade terrible qui se continue pendant quelques instants. Durant près d'une heure, une centaine d'hommes vont ainsi tirailler dans cette position critique, contre un ennemi invisible ; leur diversion aura du moins comme résultat de maintenir en face d'eux une partie des bandes et de les empêcher de joindre leurs efforts à ceux des défenseurs de la .redoute, pour écraser la colonne de gauche.

Par intervalles, des pirates du fortin renouvellent auprès des tirailleurs leurs invitations à la défection, leurs menaces et leurs injures à l'adresse des Français. Les tirailleurs ne soufflent mot : attentifs aux ordres de leurs chefs, ils suivent avec anxiété les péripéties du drame terrible qui se déroule à quelques centaines de pas d'eux, sur leur gauche, et dont les diverses phases sont marquées par un redoublement de vociférations des combattants et d'intensité de la fusillade.

Il est trois heures trente : le troisième assaut de la colonne de gauche a été repoussé; de son côté, le groupe Tétart compte une dizaine d'hommes hors de combat. De forts groupes de pirates, indépendants des garnisons des ouvrages, ont prononcé un mouvement offensif sur le flanc droit de la colonne et contre l'artillerie; le capitaine Robert dispose les fractions de sa troupe face à cette attaque.

A trois heures quarante-cinq, le feu des

pirates est ainsi dirigé sur le front et sur les flancs de la colonne; la réserve est attaquée, de son côté, par quelques groupes qui cherchent à l'envelopper.

Estimant qu'une station plus prolongée sur le terrain du combat mettrait la colonne dans la situation la plus critique, le lieutenant-colonel Winckel-Mayer ordonne la retraite. Celle-ci s'effectue en bon ordre sous la protection d'une arrière-garde composée de la compagnie Robert et du peloton Daval.

Retour à six heures à Nha-Nam.

PERTES. — Tués : 1 officier (le lieutenant Blaise), 4 Européens et 4 indigènes. — Blessés : 15 Européens et 9 indigènes.

MUNITIONS CONSOMMÉES. — Coups de canon, 83; cartouches de fusil Lebel, 3 000; cartouches du fusil modèle 1874, 5 866.

Les troupes ont fait preuve, pendant la durée de cette action, d'une grande intrépidité.

De une heure à quatre heures, écrivait le lieutenant-colonel Winckel-Mayer, nous eûmes à livrer sur tous les points un combat opiniâtre. Les rebelles, ne se laissant intimider ni par les projectiles de l'artillerie, ni par les feux de salve de l'infanterie, défendaient avec un acharnement inouï la redoute, et nous attaquaient à la fois sur notre front, sur notre flanc droit et sur nos derrières. Trois fois la colonne de gauche tenta l'assaut de la redoute, et trois fois, malgré les efforts de vigueur et d'intrépidité des officiers et de la troupe, elle échoua.

Tout autour de nous, la fusillade était aussi intense; et à quatre heures je jugeais prudent de rétrograder sur Nha-Nam, si je ne voulais m'exposer à un désastre.

Nous étions enserrés de toutes parts; et après une nuit passée sur nos positions, nous n'en serions sortis qu'avec des pertes incalculables.

Nous avons eu affaire à toutes les bandes rebelles de la région, écrivait encore cet officier supérieur à la date du 23 décembre. — Celles-ci n'occupent pas seulement la redoute et le fortin devant lequel nous étions placés, mais une série d'ouvrages constituant dans la forêt un vaste camp retranché. Les garnisons sont essentiellement militaires. Il n'y a pas de nhaqués (coolies); les rebelles sont commandés par de vrais chefs. A trois reprises différentes, des sons de trompe chinoise donnaient le signal d'attaques générales sur notre gauche, sur notre front et sur notre droite. Quel était l'effectif exact de l'ennemi? Je ne saurais le dire ; mais ce que je puis avancer, c'est que, à quatre heures, lorsque j'ai donné l'ordre de rétrograder sur Nha-Nam, la fusillade des rebelles était aussi intense qu'au début de l'action. Comme j'ai eu l'honneur de vous l'écrire, ce n'est que par un véritable blocus que l'on arrivera à faire évacuer la position des Chinois.

La principale cause de l'insuccès du 22 décembre doit être attribuée à l'inefficacité du tir de l'artillerie contre des retranchements encaissés, parfaitement défilés des vues, de sorte que l'infanterie a dû aborder de front des ouvrages fermés, intacts, défendus par des hommes déterminés, nombreux et armés de fusils à tir rapide. L'assaillant eût-il disposé de troupes beaucoup plus nombreuses, il est à présumer que, dans ces conditions, les résultats n'eussent pas été plus favorables.

L'ennemi, depuis l'affaire du 11 décembre, avait en effet reçu de nombreux renforts fournis par la bande de Dé Nam et par les villages du Yen-Thé ; d'après les déclarations des autorités indigènes, et, entre autres, celle du Commandeur de Dao-Quan, il avait pu ainsi mettre en ligne près d'un millier de fusils dont le plus grand nombre étaient des Winchester, des Remington, des fusils Gras; il avait également augmenté la force de ses ouvrages, de même que, enhardi par ses succès répétés, au lendemain du combat du 22 décembre, il donnera aux bandes qui y ont pris part les titres de : *Bataillon Invincible, Bataillon Inébranlable, Bataillon Valeureux*; il appellera à lui d'autres contingents du Yen-Thé, de Thaï-Nguyen, de Cho-Moï, du Loch-Nam, du Bay-Say; organisera de nouvelles positions; entourera ses ouvrages d'une triple ligne de palissades et en garnira les approches, sur une grande zone, de nouvelles défenses accessoires : petits piquets, abatis et trous de loup.

Épilogue de l'affaire du 22 décembre. — Le 26 décembre, au point du jour, la sentinelle du poste de Nha-Nam, de garde dans la direction de l'est, vint informer le lieutenant-colonel, commandant la colonne, qu'un fanion flottait dans la campagne, à environ 500 mètres du poste. Ce fanion, qui avait été planté là, dans la nuit, par des envoyés du chef pirate de Hu-Thué, avait appartenu à des hommes du peloton Blaise qui l'avaient laissé tomber au pied de la redoute.

A l'extrémité de la hampe était attachée une lettre dont la traduction suit :

Le 14 du 11⁰ mois de la 6⁰ année de Ham-Nghi
(25 décembre 1890).

Dé Than, gouverneur des forces de la province de Bac-Ninh, remplissant provisoirement les fonctions de Pho-Thong-Thuong (commandant en second) des troupes de l'avant-garde, aux autorités françaises.

Il n'est rien qui soit plus convenable dans le monde que la bonne raison ; rien ne donne plus de force et de confiance que la fidélité et la reconnaissance. Si les hommes ne reconnaissent pas les services qu'on leur a rendus ; si les hommes

11

oublient les préceptes de la bonne raison, ils seront faibles quoique ayant une nombreuse armée; au contraire, s'ils tiennent leurs promesses, s'ils ont le culte de la reconnaissance, leurs soldats, quoique en petit nombre, seront confiants, résolus et deviendront parfaitement forts.

Autrefois, la France et l'Annam vivaient en très bons termes, liés par un traité : ce traité ne visait que la facilité accordée à la France de commercer librement dans le pays; on a laissé les missionnaires venir semer librement la religion catholique. Mais, plus tard, les autorités provinciales ont commis une grande faute à l'égard du gouvernement français [1], qui profita de cette occasion pour s'emparer du Tonkin et ensuite de l'Annam. Mais la France sera-t-elle capable de gouverner les populations annamites dont le cœur ne lui est pas dévoué?

Quant à nous, serviteurs fidèles et reconnaissants du royaume d'Annam, nous sommes attachés à nos mœurs et nous ne les abandonnerons jamais, même devant la mort, ayant pleine confiance dans le ciel, la terre et les cent dieux qui connaissent parfaitement la mission qui nous est confiée dans ce monde et qui nous protègent.

Dernièrement nous étions campés dans des vil-

----

1. Allusion au massacre des chrétiens commis dans les provinces du Tonkin, en 1874.

lages du Yen-Thé que de nombreuses colonnes françaises sont venues incendier et détruire. C'est à bout de ressources, et pour les sauver de la mort, que nous avons emmené avec nous les habitants dont les maisons ont été brûlées par les soldats et que nous les poussons à la révolte contre la France.

Nous avons cherché un refuge dans ces montagnes boisées où nous espérions pouvoir vivre en sécurité, à l'abri de nouvelles agressions.

Nous comptions que ce coin de forêt que nous occupons n'était d'aucune utilité pour le gouvernement français; alors, pourquoi ne nous y laisse-t-on pas en paix et pourquoi vient-on nous attaquer trois fois de suite sans raison! Alors, le cœur des Français n'est donc pas assez généreux pour nous abandonner cette parcelle de terrain.

Si le gouvernement français renonçait à nous disputer cette région si dangereuse et si malsaine où nous nous trouvons en ce moment, alors nous vivrions avec lui sur le pied d'une bonne amitié; les habitants pourraient être recrutés comme coolies pour effectuer ses convois, et jouiraient d'une vie paisible.

Que le chef de la colonne pèse les considérations qui précèdent.

Signé : Sceau de DÉ THAN.

Comme on le voit, c'est toujours la qualité de rebelles que les pirates du Yen-Thé invoquent tout d'abord.

Leur appel au respect des lois de l'humanité et aux sentiments de conciliation et de concorde dont il est souvent question dans leurs proclamations, n'est autre chose qu'une invitation déguisée à les laisser continuer en paix leur petit commerce lucratif de contrebandiers d'opium et de marchandises de guerre, de pillards, de trafiquants de femmes et d'enfants ; commerce fortement menacé par la création d'un poste à Nha-Nam et d'un autre à Luoc-Ha et par la découverte de leur repaire de Hu-Thué qui, tôt ou tard, ils ne l'ignorent pas, devra tomber entre nos mains.

Les pirates accepteraient en effet volontiers une sorte de *modus vivendi* qui consisterait, de leur part, à n'inquiéter ni nos postes, ni nos détachements sous la condition qu'on les laissât jouir tranquillement de la situation acquise, c'est-à-dire exploiter comme un

fief, pour leur propre compte, le pays placé
de fait sous leur domination; y lever l'impôt;
y rendre la justice; y vendre leur *opium* tiré
de Chine; ils consentiraient encore volontiers
à y maintenir l'ordre moyennant la cession
de quelques-uns de nos postes, et le paye-
ment d'une allocation mensuelle de quelques
milliers de piastres pour entretenir, sous
le nom de *troupe de police*, quelques centaines d'hommes armés que, bien entendu, ils
emploieraient la plupart du temps à piller les
villages des régions voisines ou à secourir les
bandes de pirates amies menacées par nos
colonnes.

Ce sont des compromis de ce genre que
passait autrefois la cour de Hué avec les
chefs des bandes de pirates dont elle avait
reconnu l'impossibilité de se débarrasser par
la répression.

Un fait toutefois à noter, c'est que, dans le
plus grand nombre des rencontres auxquelles
donnèrent lieu les derniers événements du

Yen-Thé, les pirates ont affecté d'essuyer, les premiers, le feu de nos troupes ; non pas certes qu'ils fussent poussés par ce sentiment de courtoisie qui rendit célèbres nos aïeux de Fontenoy, mais parce qu'ils tenaient à bien marquer notre caractère d'agresseurs et à se poser en victimes aux yeux des populations.

Quatrième opération contre Hu-Thué.

Le lieutenant-colonel Winckel-Mayer rendit compte, le **22** décembre au soir, du résultat de la journée.

Dès le 23, des dispositions sont prises pour diriger successivement sur Nha-Nam toutes les troupes qui peuvent encore être prélevées sur les garnisons de Bac-Ninh, de Phu-lang-Thuong et des Sept-Pagodes.

Des avis avaient été exprimés, basés sur l'opinion d'un certain nombre d'officiers de la colonne, de borner désormais l'action de cette dernière à se maintenir sur la ligne Nha-

Nam, Bo-Ha, sans prononcer de nouvelle attaque contre Hu-Thué, dans la crainte de courir au-devant d'un nouvel insuccès, et par le motif que le blocus des positions de Hu-Thué exigerait un effectif de près de trois mille hommes, impossibles à réunir dans les circonstances présentes.

Il ne pouvait être question de renoncer à poursuivre l'opération engagée contre Hu-Thué; l'honneur de nos armes était en jeu; c'eût été en outre compromettre gravement notre prestige aux yeux des populations qui suivaient avec un vif intérêt les phases de la lutte et auxquelles des émissaires déclaraient que les pirates étaient résolus à résister à outrance dans leur repaire.

Une action immédiate s'imposait. Le colonel Frey, qui venait, à la date du 17 décembre, de succéder, dans le commandement de la 2ᵉ brigade, à M. le général Godin, appelé au commandement en chef des troupes de l'Indo-Chine, prescrivit aussitôt au commandant de la colonne du Yen-Thé de reprendre immédiatement le contact, de rester en face des bandes jusqu'à l'arrivée de renforts qui permissent de procéder à une attaque méthodique des positions, d'occuper et d'organiser solidement, en vue de cette opération, des points à proximité et en bordure des positions des pirates; de faire exécuter des reconnaissances multipliées, de manière à inquiéter ces derniers de jour et de nuit et à les empêcher de se réapprovisionner en vivres dans le Yen-Thé.

Il demanda en même temps l'envoi à la colonne de pare-balles de canonnières et de deux mortiers de 15 centimètres, estimant que, quelque imparfait que fût ce dernier matériel, il était appelé à rendre de grands services dans ces régions boisées et difficiles, principalement dans l'attaque d'ouvrages qui avaient victorieusement résisté, jusque-là, au tir de pièces de 80 millimètres de montagne.

Ces instructions reçurent l'approbation du

général en chef qui dirigea de Hanoï sur Bac-Ninh, une compagnie d'infanterie de marine pour y combler les vides faits dans cette place par l'envoi des renforts à la colonne.

Après cet envoi, il ne restait plus à Hanoï, à Bac-Ninh, et dans les régions voisines, de troupes disponibles pour renforcer, si cela devenait encore nécessaire, la colonne, à moins de dégarnir entièrement les postes.

Emploi des journées du 23 au 31 décembre. — Les 23, 24, 25 décembre et jours suivants, continuation des travaux de construction du poste de Nha-Nam, et convois de vivres et de munitions de Bo-Ha à Nha-Nam.

Le 25, arrivée de deux pelotons d'infanterie de marine et d'une section de tirailleurs.

Le 26, choix de l'emplacement, à Luoc-Ha, d'un poste provisoire, à proximité de Hu-Thué, et fermant la trouée Nha-Nam — Bo-Ha, poste dont la construction est confiée au capitaine Robert. En moins de trois jours, cet officier avec sa compagnie d'infanterie de marine et un détachement de tirailleurs couronna le mamelon de Luoc-Ha d'une redoute dans laquelle une petite garnison pouvait défier toutes les attaques des pirates.

Le même jour, une reconnaissance commandée

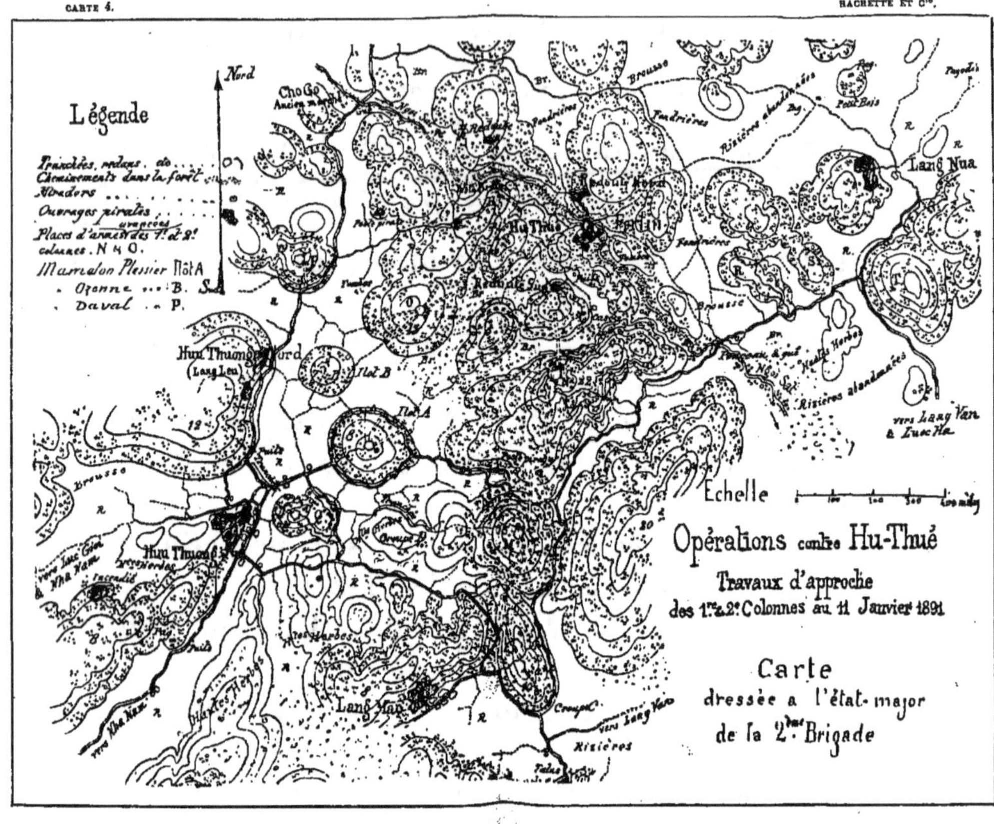

Nord
Légende
Tranchées, redans, etc
Cheminements dans la forêt
Abradors
Ouvrages pirates
avancées
Places d'armes des 1ᵉˢ et 2ᵉˢ
colonnes . N K O.
Marralon Plessier Nôt A
Ozonne ... B.
Daval .. P.
Cho Go
Ancien marché
Lang Nua
Redoute Nord
Hu Thué
Redoute Sud
Hun Thuong Nord
(Lang Leu)
Îlot B
Îlot A
Hun Thuong
Lang Van
vers Lang Van
à Luc Na
Brousse
Rizières abandonnées
vers Lang Vao
Rizières
Echelle
Opérations contre Hu-Thué
Travaux d'approche
des 1ʳᵉ & 2ᵉ Colonnes au 11 Janvier 1891
Carte
dressée a l'état-major
de la 2ᵐᵉ Brigade

**Désignation du colonel Frey pour prendre
le commandement de la colonne.** — Dans la
nuit du 31 décembre au 1er janvier, le colonel
Frey, commandant la 2e brigade, reçut par
le télégraphe l'ordre du général en chef
d'aller prendre à Nha-Nam la direction des
opérations.

Départ de Bac-Ninh, le 1er janvier 1891,
à sept heures du matin, du colonel et de son
major de brigade, le capitaine Dargelos, du
2e régiment de tirailleurs tonkinois.

Arrivée à Luoc-Ha, le 2 janvier, à huit
heures du matin.

Le colonel Frey a pour mission d'assurer
l'exécution, contre les positions pirates de
Hu-Thué, d'un plan d'attaque qu'il a exposé
dans une lettre au général en chef et qui a
reçu dans ses lignes principales l'approbation de cet officier général.

Ce plan est basé :

1° Sur les renseignements recueillis des ten-
tatives précédemment faites contre ces posi-

tions : trois colonnes dirigées successivement de nos postes, s'étant engagées dans un pays inconnu, difficile, défavorable à une action tactique, sont venues se heurter de front à une position très forte, flanquée d'ouvrages occupés par un ennemi énergique et résolu, dont l'artillerie n'a pu entamer la résistance, et ont dû finalement se replier sur leur point de départ, perdant ainsi tout le fruit de leurs efforts et de leurs sacrifices ;

2° Sur les considérations ci-après, d'un ordre particulier, imposées par la situation politique et financière du pays ; les grandes dépenses occasionnées par la colonne ; le besoin que l'on peut avoir des troupes qui la composent sur un autre point de la colonie ; et notamment, à la frontière de Chine, près de Mon-cay, où l'on signale un rassemblement de plusieurs milliers de pirates se disposant à envahir le Tonkin ; les fatigues déjà éprouvées par elles ; les inconvénients qui peuvent résulter d'une réduction prolongée des effectifs des garnisons des postes de la région, font une nécessité d'arriver à une très prompte solution.

En conséquence, le plan adopté limite l'objectif à atteindre *à la prise du fortin de Hu-Thué et des ouvrages annexes sans chercher à pousser plus loin les opérations*; la poursuite des bandes, une fois dispersées ou repoussées dans le nord de ces positions, exigeant l'emploi combiné de colonnes, des effectifs et un laps de temps qui font défaut dans les circonstances présentes.

Les opérations à exécuter pour obtenir ce résultat sont réparties en trois phases distinctes.

Première phase. — Choisir une base d'opérations suffisamment rapprochée de la position ennemie pour ne pas prolonger la durée des opérations ultérieures; appuyer cette base à des points d'appui solidement organisés afin que, en cas d'échec dans une attaque générale, ou si elles étaient trop vivement pressées, les troupes obligées de se replier pussent se reformer dans le voisinage de la position ennemie; établir, entre ces points d'appui, des communications leur permettant, le cas échéant, de se prêter un mutuel appui.

Deuxième phase. — Diriger, des points d'appui de cette base d'opérations, des cheminements convergeant vers les ouvrages ennemis; chercher à déterminer la position exacte de ces ouvrages; atteindre des emplacements favorables permettant à l'artillerie de battre ces derniers, par le tir des pièces de 80 millimètres avec charges réduites, ou par un bombardement exécuté au moyen des mortiers; obliger, si possible, l'ennemi à quitter ses repaires, en exécutant, pendant la même période, des manœuvres sur ses lignes de retraite avec des fractions de troupes spéciales.

Troisième phase. — En cas de non-réussite par les moyens précédents, poursuivre les cheminements de manière à se rapprocher, jusqu'à petite distance des ouvrages ennemis; effectuer, si c'est nécessaire, le couronnement des ouvrages avancés, en employant à cet effet des travaux élémentaires de sape; enfin, la brèche pratiquée et la résistance rendue impossible, donner l'assaut qui devra être poussé à fond. (Voir Carte 4.)

La base d'opérations choisie par le commandant de la brigade est déterminée par une ligne joignant le village de Lang-Mac à celui de Hu-Thuong, situé à l'ouest et à 1 200 mètres du premier. Un sentier relie directement ces deux villages; leur situation les désigne naturellement comme points d'appui extrêmes de la base d'opérations et comme points de départ des cheminements des deux colonnes. En arrière de cette base, les postes de Luoc-Ha et de Nha-Nam constitueront des centres d'approvisionnement et des dépôts de malades et assureront la sécurité des derrières de la colonne.

Dès son arrivée à Luoc-Ha, le commandant

de la brigade prend les premières dispositions pour l'exécution de ce plan.

Le quartier général est établi provisoirement à Luoc-Ha.

Toutes les troupes du Yen-Thé, déjà concentrées par son ordre, dans la matinée du 2 janvier, à Luoc-Ha et à Lang-Sao, sont réparties en trois groupes d'importance à peu près égale. Les deux premiers placés sous les commandements du lieutenant-colonel Winckel-Mayer et du chef de bataillon Tane, doivent constituer les colonnes de cheminement et d'attaque. Le troisième reçoit la dénomination de réserve générale; il reste sous le commandement immédiat du chef de la brigade. Ce groupe doit fournir les garnisons des postes de Nha-Nam et de Luoc-Ha, il doit en outre être utilisé, suivant le cas, pour assurer la protection des convois, appuyer l'une ou l'autre colonne, agir sur les flancs ou sur les lignes de retraite de l'ennemi, exécuter des mouvements de grande extension contre des objectifs distincts de l'objectif principal, en un mot parer à toutes les éventualités. Dans l'effectif de ce groupe sont encore compris tous les malades et autres indisponibles de la colonne [1].

Conférence préliminaire. — *Objectif assigné à chaque groupe*. — Dans l'après-midi du 2 janvier, le commandant de la brigade réunit en conférence, au quartier général, tous les officiers de la colonne pour développer devant eux le plan général de l'opération à entreprendre, le rôle particulier incombant à chaque groupe et les moyens dont l'emploi lui paraît le plus propre à faciliter le succès.

« Les troupes de la colonne ont eu déjà à supporter bien des fatigues, leur dit-il, la tâche qui leur reste à remplir leur en réserve peut-être de plus dures encore. Le colonel compte sur l'énergie et le dévouement de tous, officiers et soldats, pour la mener à bonne fin. »

Les objectifs suivants sont assignés à chacun des deux premiers groupes. Le premier a pour mission générale de s'emparer de Lang-Mac, qu'il

---

1. Voir, à l'annexe n° 2, pour la composition des groupes et pour les recommandations particulières adressées à la troupe.

doit occuper et organiser solidement. Une fois établi à Lang-Mac, il s'avancera par une série de cheminements dans la direction du fort principal de Hu-Thué, de manière à pouvoir, après deux ou trois jours de travaux, s'établir sur une position permettant de battre les ouvrages par le tir direct ou indirect de l'artillerie.

Le deuxième doit s'établir dans les mêmes conditions au village de Hu-Thuong Sud ; puis occuper et organiser défensivement le village de Hu-Thuong Nord.

De Hu-Thuong, en organisant des points d'appui successifs, il doit s'avancer d'abord vers l'est de manière à assurer à la colonne la possession du chemin de Lang-Mac à Hu-Thuong ; puis, par des travaux d'approche exécutés dans la direction nord-est, prendre pied sur un point d'où il puisse agir, par l'emploi du tir direct ou indirect, contre l'un des retranchements de Hu-Thué.

Les deux groupes, dès leur installation à Lang-Mac et à Hu-Thuong, doivent se mettre en communication par le chemin reliant ces deux villages.

Des signaux de jour et de nuit sont convenus entre les deux groupes pour le cas d'alarme et pour le cas où le tir de l'un d'eux deviendrait gênant pour l'autre ; des directions-limites de tir sont fixées à chacun des groupes pour éviter que ses projectiles atteignent le groupe voisin.

Chaque groupe est pourvu d'un approvisionnement de pétrole et de dynamite pour faciliter les débroussaillements; de fusées pour les signaux; de flambeaux Lamarre pour éclairer, en cas d'action de nuit, le terrain des attaques; de cordes et de hauts bambous pour la construction d'échelles miradors.

Tous les hommes et coolies disponibles de la colonne doivent constamment être employés à la confection de fascines qu'on utilisera pour l'organisation défensive rapide de certains points, et pour la construction d'abris pour les escouades chargées de protéger les hommes employés aux travaux d'approche.

Le commandant de l'artillerie et du génie reçoit en outre des instructions de détail particulières concernant l'utilisation des divers engins, la construction des miradors et l'exécution des différents signaux.

Recommandations. — Le commandant de la brigade fait ensuite aux officiers des recommandations détaillées sur la conduite à tenir dans le cours des opérations qui vont être entreprises.

Les grandes difficultés que présente le terrain couvert sur presque toute son étendue d'une forêt inextricable et inexplorée, le nombre et la nature des retranchements élevés par l'ennemi et dans lesquels, d'après les renseignements recueillis, celui-ci se serait terré au moyen d'abris casematés, l'opiniâtreté de la résistance aux efforts déjà tentés font un devoir de n'aborder les positions qu'avec prudence, et seulement après s'être entourés de toutes les garanties du succès [1].

1. A la dernière heure, un missionnaire fit savoir au colonel que les pirates avaient commencé dans le fortin principal la construction d'abris casematés. Ce renseignement avait une importance capitale; il permettait de prévoir que l'on serait obligé de recourir à de véritables travaux de siège pour se rendre maîtres de ces ouvrages; mais il fut impossible d'en contrôler l'exactitude. On ne saurait croire la difficulté qu'on éprouve à obtenir des renseignements soit sur les projets, soit sur les positions d'un ennemi établi dans les conditions des pirates de Hu-Thué. Les extraits ci-après de deux rapports d'officiers supérieurs en donneront une idée :

« Comme renseignements sur la position occupée par les pirates, je n'en ai d'autres que ceux que nous nous sommes procurés nous-mêmes. Le Quan-Huyen (sous-préfet indigène) ne sait rien, et la crainte que lui et ses gens éprouvent ne nous permettra jamais d'être renseignés en quoi que ce soit. Nous ne devrons compter que sur nous-mêmes. Les positions des rebelles occupent toute la forêt de Hu-Thué; ils ont des retranchements de toutes parts; il ne nous est pas possible d'attaquer sur un point quelconque, sans être fusillés à bout portant.... Je ne saurais trop insister sur ce point, que les positions des rebelles sont invisibles; elles sont construites dans la forêt vierge, reliées les unes aux autres par des retranchements, et défendues non pas par de vulgaires pillards, mais par des soldats exercés et bien commandés. » (Lettre du 24 décembre 1890 du lieutenant-colonel Winckel-Mayer.)

« Les combats des 9, 11 et 22 décembre avaient démontré que pour avoir raison de la résistance éprouvée, il serait nécessaire de développer tant en infanterie qu'en artillerie, un effort considérable.

« Les opérations précitées avaient démontré, en outre, d'une manière péremptoire, que l'emploi des deux armes rencon-

Dans ces conditions, l'assaut ne doit être donné
à des ouvrages fermés, tels que ceux de Hu-Thué,
qu'après une sérieuse préparation par l'artillerie : bombardement des positions et ouverture
d'une brèche; en outre, les troupes chargées
d'exécuter cet assaut doivent être pourvues de
tous les moyens nécessaires pour le franchissement des obstacles et la destruction des défenses
accessoires accumulées autour de ces ouvrages.

En terminant sa conférence, le colonel, commandant la brigade, fait savoir aux officiers que,
quoi qu'il advienne, la colonne ne quittera plus la
forêt de Hu-Thué avant que les ouvrages pirates
soient tombés entre ses mains; qu'il faut s'atta-
cher à faire passer cette conviction dans l'âme
du soldat; que si chacun s'inspire bien de l'esprit
des recommandations qui précèdent, si l'on sait
mettre en œuvre les ressources de l'art de la
guerre, faire un emploi judicieux de nos engins
perfectionnés, cet objectif pourra être atteint
sans de grands sacrifices en hommes : c'est un

trerait des difficultés d'un ordre spécial tenant principalement à la nature du pays, inextricable fouillis de mamelons couverts de haute brousse ou d'impénétrables forêts.
Enfin les communications, à l'intérieur du massif forestier
de Hu-Thuong, et la topographie de ce massif étaient à peu
près inconnues; de plus, la position même approximative
des ouvrages sur lesquels on s'était heurté les 9, 11 et
22 décembre n'avait pu être relevée. » (Rapport sur les
opérations de l'artillerie, du chef d'escadron Régis, 18 janvier 1891.)

pareil résultat qu'il ambitionnerait, pour sa part, au premier chef.

Mouvements préliminaires. — Dans la soirée du 2 janvier ont lieu les mouvements de troupes destinées à compléter la constitution et l'organisation des groupes et de la réserve générale fixées par l'ordre général n° 2.

Ces mouvements exécutés, les troupes du Yen-Thé occupent, le 2 janvier au soir, les emplacements suivants :

A Luoc-Ha, quartier général, le premier groupe et la réserve générale.

A Lang-Sao, le deuxième groupe.

Toutes les troupes sont approvisionnées à quatre jours de vivres de réserve et de petits vivres ; à chacun des groupes et à la réserve générale est affecté un troupeau de quelques têtes de bétail représentant l'approvisionnement de quatre jours de viande fraîche.

En outre, le service des subsistances à Nha-Nam, sous les ordres du sieur Giraudeau, distributeur, est chargé d'assurer l'approvisionnement journalier en pain pour tous les Européens de la colonne ; deux fours de campagne, envoyés par l'administration, avaient été, à cet effet, installés dans ce poste.

Rôle des canonnières. — Enfin deux canonnières, le *Moulun* et le *Jacquin*, commandées

par les lieutenants de vaisseau de Montbrun et
de Castries, mises à la disposition du commandant de la brigade, reçurent pour mission : 1° de
croiser dans le Song-Thuong entre Bo-Ha et Phu-
lang-Thuong, pour assurer la sécurité de la navigation de cette rivière par les convois de ravitaillement; 2° d'effectuer les évacuations des
malades et des blessés de la colonne; 3° de visiter
fréquemment les villages de la rive droite dont
les habitants sont entièrement voués à la cause
des pirates; 4° de surveiller et de poursuivre,
dans la limite de l'action de leurs équipages, les
petits groupes de pirates qui parcourraient cette
région pour y organiser des convois de ravitaillement destinés aux bandes réunies dans les bois
de Hu-Thué.

Dès le lendemain, 3 janvier 1891, va commencer une campagne de huit jours, avec un
caractère propre d'originalité qui la distingue
des opérations généralement entreprises par
nos troupes au Tonkin et dans nos autres
colonies.

Pour ennemis des Chinois et des Annamites
aguerris, glorieux de leurs succès répétés, et,
qu'on les dénomme pirates ou rebelles, avant

tout, gens déterminés et qui ont fait leurs preuves.

Ne les avons-nous pas vus, dans de précédentes affaires, faire tête parfois à nos détachements, non sans énergie, ou, à l'occasion, de timides fuyards se transformer en hardis agresseurs, offrant le combat, lignes et drapeaux déployés, manœuvrant au feu comme des troupes régulières?

La rude vie de brigandage qu'ils mènent, toute d'entraînements et de dangers, la possession d'un armement perfectionné, constituent, pour eux, de sérieux éléments de résistance; et, dans de semblables conditions, l'histoire des dernières guerres en fournit bien des exemples, qu'il soit Turc, Kabyle ou Annamite, un homme ne tarde pas à acquérir une valeur personnelle qui en fait un ennemi qu'on ne peut plus dédaigner. S'il combat derrière un abri, il devient alors redoutable.

Tel est le cas de ces pirates de Hu-Thué, qu'il faudra forcer dans leurs repaires comme la bête féroce réfugiée dans sa tanière! Pour prolonger leur résistance, ils ne resteront pas inactifs : ils vont opposer à nos travaux des travaux de contre-approche ; escarmoucher avec nos détachements, dresser des embuscades dans lesquelles, avec la patience du sauvage, ils attendront, pour faire feu, que les canons soient bout à bout, que les souffles se confondent presque, pour coucher à terre un plus grand nombre d'adversaires.

Comme champ d'opérations, partout, de tous côtés, la forêt mystérieuse et vierge, avec ses arbres de 30 à 40 mètres de haut, aux essences diverses dont plusieurs sont encore inconnues à l'Européen : arbres au bois de fer que la hache ou la dynamite n'entame qu'avec peine ; arbre odoriférant, au bois le plus tendre ; magnifiques banians dont les cent troncs, s'élevant dans les airs, droits, lisses, avec la grâce de colonnettes, semblent soutenir l'épais dôme de verdure d'une succession d'immenses pagodes ; ficus gigantesques, aux fleurs d'un rouge-sang ; manguiers plusieurs fois séculaires, aux branches colossales tapissées de mousse et dans les interstices desquelles s'abritent de délicates orchidées ; magnolias, palmiers, bananiers, pamplemousses, les produits les plus beaux de la végétation tropicale, mêlant leurs feuilles bigarrées, de formes et de dimensions les plus variées et leurs fleurs aux vives couleurs ou aux senteurs pénétrantes ; enfin, sur le tout, s'étendant, comme un réseau de mailles végétales, d'innombrables plantes grimpantes, lianes, liserons, lierre, chèvrefeuille, etc., serrées, vivaces, retombant jusqu'à terre, pareilles à des chevelures flottantes, créant ici des sous-bois merveilleux, là couvrant des coins tristes, obscurs, propres à remplir l'âme d'une superstitieuse terreur !

Dans ce cadre grandiose et d'une étrangeté sauvage, un millier de soldats et autant de coolies vont s'établir, s'agiter, vivre, lutter contre les fièvres malignes, produits des miasmes pestilentiels que cache l'épaisse couche de feuilles mortes dont le sol est recouvert comme d'un moelleux tapis; frayer, à travers les massifs, des percées à coups de hache et de coupes-coupes; combattre, le moment venu, portant l'épouvante parmi les rares hôtes de ces sombres régions : paons apeurés qui s'élèvent d'un vol lourd sous les pas d'une patrouille; cerfs dont les bramements bruyants éclatant tout à coup, dans les ténèbres de la nuit, à proximité d'un poste de veille, feront frissonner le soldat d'effroi; et le tigre, ennemi redoutable à l'égal du pirate, qui s'enfuira dans l'épaisseur de la forêt et, bientôt, attiré par cette odeur de chair humaine qui s'exhale des campements des coolies, reviendra rôder aux alentours, où il trouvera mainte occasion de satisfaire ses instincts sanguinaires.

Par la diversité des types et de leur mode d'existence, les corps qui constituent les différents groupements dont se compose la colonne d'opération, présentent un contraste qui ajoute encore à l'étrangeté du spectacle.

Ici, c'est un bivouac d'artilleurs et de soldats d'infanterie de marine. Imberbes, pour la plupart, engagés volontaires fournis par la capitale ou jeunes soldats recrutés par le hasard du tirage au sort parmi les ouvriers des villes ou les habitants des campagnes; gens simples, dociles, facilement accessibles aux généreux sentiments, ils sont prompts à l'enthousiasme ; mais en raison de leur jeunesse, d'une instruction militaire souvent hâtive, de leur constitution incomplète, ils sont également prompts à l'abattement, lorsque les dures fatigues d'une campagne et les atteintes du terrible climat viennent les assaillir. Braves enfants dont la place restera éternellement vide au foyer de bien des familles; dont le sang devrait être réservé de préférence pour les champs de bataille où se décideront les destinées de la patrie!

Là, c'est un bivouac de soldats de la légion étrangère. A l'inverse des premiers, ce sont des hommes faits, vigoureux, beaucoup plus aptes à résister aux assauts des accès de fièvre répétés, aux privations, aux épreuves de toute sorte qui attendent la troupe dans nos expéditions aux colonies. D'une nature rude, séduits par l'appât d'une vie d'aventures dont ils poursuivent les chances et les hasards extra-ordinaires ; rompus à la vie des camps, chair à pirates et à fièvres, comme ils se dénomment eux-mêmes dans leur jargon emprunté à leurs diverses langues d'origine ; « bandes d'hommes sans patrie, sans famille, sans avenir, s'exposant sans souci d'être récompensés, ni même d'être vus, dans le chemin du plus rude devoir qui soit au monde », ainsi que les a si bien décrits l'un de leurs officiers.

Le légionnaire est difficile à conduire, à commander : il lui faut des cadres énergiques et d'une bravoure éprouvée ; c'est d'un air maussade et presque avec une attitude

farouche, qu'il examine un chef nouveau venu :
le sondant, le scrutant du regard pour chercher à deviner *ce qu'il a dans le ventre*. Homme
au cœur d'airain, il se laissera peu émouvoir
par de brillants discours ou par un appel à
de chevaleresques sentiments; il comprendra
mieux les cris de : « En avant! à la baïonnette! » que poussera un chef : et lorsque
celui-ci a conquis sa confiance, il n'est pas
d'actes de généreuse folie qu'il ne tente avec
lui simplement et de gaieté de cœur; d'actions
héroïques qu'il n'accomplisse, sacrifiant sa vie
sans un murmure.

Ce sont là certes des soldats de profession,
dont l'emploi demande certains ménagements,
quelque prudence, car ils ne sont nullement
exempts des inconvénients ni même des dangers inhérents au recrutement de ces sortes
de troupe; sous cette réserve, ils constitueront de précieuses ressources pour nos garnisons et pour nos expéditions d'outre-mer.

Plus loin, c'est un campement de tirailleurs tonkinois. Bien encadrés, et lorsqu'ils auront été bien disciplinés et instruits par un service à long terme, ceux-ci pourront rivaliser pour la solidité au feu et pour le dévouement avec nos meilleurs corps indigènes des autres colonies. Recrutés selon les principes de la loi annamite, parmi les sujets présentés par les villages qui, leur service durant, restent responsables de leur désertion, ils comprennent des hommes de tout âge, depuis l'adolescent jusqu'au vieillard. Il en est qui paraissent avoir quinze ans à peine, tellement leurs formes sont graciles ; à voir leur physionomie, leurs manières presque enfantines, on dirait des femmes plutôt que des soldats ; on les croirait, en tous cas, incapables de manier un fusil : ce qui complète encore cette illusion, c'est lorsque, au fort de la chaleur, et pour se délasser de leurs fatigues, on les surprend à babiller assis, en cercle, sur des nattes, à la mode orientale, l'éventail à la main, la chevelure dénouée, longue, épaisse, d'un noir d'ébène, flottant sur leurs épaules nues.

Qu'on ne s'y trompe point : ces gens à l'air efféminé sont capables d'actes virils; et quand ils ont à leur tête des chefs énergiques, ils les suivent au danger avec crânerie et avec une hardiesse qui va souvent jusqu'à la témérité.

Le tirailleur tonkinois doit être traité avec bienveillance, paternellement : surtout lorsque, relégué dans les hautes régions, où il est dépaysé, où il se considère comme en exil, pris par la nostalgie du Delta, de la rizière et de ses larges horizons, il est facilement accessible aux maladies pernicieuses, au découragement et aux défaillances qui en sont les conséquences.

Mais il importe en toute circonstance de réprimer avec la dernière sévérité tout abus de force, d'autorité de sa part vis-à-vis de ses compatriotes qu'il pressurerait, qu'il dépouillerait sans scrupule si les chefs n'y prenaient garde : car, sous l'indifférence, sous la douceur apparente de chaque Annamite, qu'il soit tirailleur, milicien, homme du peuple ou mandarin, se cache un pillard, un pirate que, pendant longtemps encore, la crainte de durs châtiments plus que l'exemple de notre probité et de notre désintéressement réussira à maintenir dans les saines idées de civilisation et d'humanité.

Enfin, auprès des divers bivouacs, sont répartis des groupes de 30 à 40 coolies : coolies brancardiers, coolies de munitions, coolies de bagages, coolies de vivres, etc.

On a racolé ce monde comme on a pu, n'importe où. Ce sont ou des volontaires de Hanoi, de Bac-Ninh et autres grandes villes du. Delta : pour la plupart, des vagabonds qui entrevoient dans les hasards d'une colonne l'espoir d'un pillage, d'une aubaine; ou bien ils ont été réquisitionnés dans les villages et choisis par ces derniers parmi leurs plus mauvais sujets et dans la classe nombreuse des indigents, corvéables et taillables à merci. A de rares exceptions, ils sont ainsi fournis par la lie de la population; gens aptes à toutes les besognes, servant indistinctement les pirates ou nos troupes; quelquefois pirates eux-mêmes la veille et qui le deviendront encore le lendemain, suivant nos colonnes en espions, pour renseigner l'ennemi sur nos mouvements et sur nos projets.

Le coolie va jambes et pieds nus : pour tout vêtement, quelques loques; un manteau et un large chapeau de paille qui l'abritent du soleil et de la pluie. Il est le fléau des pays qu'il traverse; au campement, dès qu'il peut se dérober à la surveillance à laquelle on l'astreint, il se répand dans les villages, pillant, emportant tout ce que les habitants en fuite ont abandonné; donnant la chasse aux porcs, aux volailles, aux chiens dont il compose ses repas en ces jours de liesse. Il excelle à sonder, à l'aide du bambou au moyen duquel il porte sa charge, les planchers des cases, les poutrelles, les toitures, les coins obscurs des habitations, pour découvrir les objets précieux qui auraient pu être enfouis dans quelque cachette. Parfois, au cours de ses maraudes, de ses recherches à travers les ruelles tortueuses du village, il est assailli par quelque indigène attardé ou qui, plus courageux, a l'énergie de défendre son bien; blotti dans la haie, celui-ci le larde, au passage, de coups de longs bambous appointés, l'arme du pauvre dans ce pays.

En route, si la marche est pénible, le coolie n'hésitera pas à mettre à profit un moment de négligence de l'escorte, pour se débarrasser de sa charge, abandonner un malade qu'il transporte, et disparaître dans la brousse. Autour de Hu-Thué, grâce aux provisions amassées par les pirates et que l'on trouve réparties dans des greniers, sur de nombreux points de la forêt; grâce aux champs de riz sur pied qui s'étendent à la sortie des bois et que chacun peut récolter à sa guise, le coolie vit dans l'abondance. Quand il n'est pas occupé aux convois ou au débroussaillement, il passe son temps à faire fonctionner le moulin à décortiquer le paddy (riz non décortiqué), à se préparer d'énormes platées qu'il engloutit avec la voracité d'un estomac affamé, à confectionner de gros pains de riz cuit qu'il enroule dans une guenille et qui vont composer ses aliments de route.

La nuit venue, les coolies se couchent pêle-mêle, s'entassent, bras et jambes entremêlés, sur un peu de paille comme litière; et leur bonheur sera complet s'ils ont pu se procurer quelques pipes d'opium dans l'ivresse duquel ils cherchent l'oubli de leurs fatigues et de leur existence misérable.

Malgré ces conditions exceptionnelles de bien-être, il suffira à ces infortunés de quelques jours passés dans les forêts de Hu-Thuong pour devenir la proie de la terrible fièvre des bois qui n'épargne personne, Européen ni Indigène, et dont les ravages causeront parmi eux une mortalité qui, à la fin de la colonne, s'élèvera à cinq et à six décès par journée.

Les opérations sont commencées depuis quelques jours seulement et déjà, comme par enchantement, la forêt a pris un aspect nouveau, fantastique en plusieurs points.

Chaque soldat, chaque coolie s'est improvisé sapeur du génie; pour outil, une hache, une scie ou un coupe-coupe. Les uns sont occupés à l'aménagement des emplacements choisis pour les campements; construisant de rapides abris au moyen de bambous et de branchages; créant tout autour, par l'éclaircissement de la forêt, des percées pour dégager les abords des positions et pour permettre le tir de l'infanterie; d'autres travaillent à la confection de fascines qu'ils entassent par monceaux et dont on va faire un large emploi dans le voisinage de l'ennemi. En avant de ces campements et sur les flancs, la forêt présente par moments une animation singulière : de nombreux petits groupes l'explorent dans tous les sens : patrouilles de protection des travailleurs, volontaires qui s'enfoncent sous bois, en enfants perdus, pour tenter de relever la position d'un ouvrage ennemi ou pour surprendre quelque pirate attardé. Sur ce terrain semé d'embûches, l'on n'avance qu'avec la plus grande prudence. Si l'ennemi reste invisible, on sent pourtant qu'il est là partout, sur ses gardes, nombreux, devant soi, autour de soi; on s'attend à le voir apparaître à la lisière de chaque fourré, surgir derrière chaque touffe; et, en effet, l'on ne tarde pas à se heurter : ici, à des cases fortifiées, à une tranchée, à une barricade; là, à un poste de pirates qui observe les mouvements de nos patrouilles et se replie, devant elles, sans tirer, dans l'épaisseur des taillis, cherchant à les entraîner à sa suite, dans une embuscade habilement préparée. Des coups de feu sont alors échangés; de petites actions partielles s'engagent; les commandements des chefs, les cris des pirates, le bruit strident des balles fauchant les broussailles, produisent un vacarme momentané, puis tout retombe dans le silence.

En arrière des points occupés, c'est une vie de fourmilière, un mouvement continu de tirailleurs portant des ordres, se dissimulant, rasant la terre, au passage des points dangereux; de petites escortes accompagnant des convois de vivres, de munitions, de malades qu'on évacue sur le poste de Bo-Ha : quelques-uns de ces derniers sont presque moribonds; on a dû cependant leur laisser leur arme qu'ils gardent avec leurs cartouches, sur la civière, à portée de la main, pour qu'ils puissent au besoin, en cas d'attaque ou de surprise, dans un effort désespéré, défendre encore chèrement leur vie.

Par bonheur, dans cette saison de l'année où les pluies fines, persistantes, sont tant à craindre, détrempant les sentiers, transformant les campements en infects cloaques, amenant à leur suite leur hideux cortège de fièvres bilieuses et algides, le ciel se montre clément. Une épaisse couche de nuées le couvre constamment, cachant l'ardent soleil et produisant une température douce, agréable même.

Bientôt des saignées ont éventré la forêt dans tous les sens, pratiquées, à dessein, dans les massifs les plus fourrés, pour mieux tenir à l'écart les partis ennemis qui voudraient inquiéter les travailleurs ; les arbres, les broussailles abattus, les herbes fauchées, rejetés, amoncelés de chaque côté, transforment ces coulées en sillons, en chemins creux, en véritables tranchées.

Ici, sur le sommet de l'arbre le plus élevé d'un mamelon, on a établi un observatoire-mirador : c'est une petite plate-forme branlante, se balançant dans les airs à chaque

mouvement imprimé à l'arbre par le vent;
comme plancher, quelques branches dépouil-
lées de leurs feuilles. Pour y atteindre : une
échelle formée de forts bambous ajoutés
bout à bout, fixés au tronc; comme échelons,
des traverses piquées de 40 en 40 centimètres
dans le bambou, et laissant juste la place
pour poser le pied de chaque côté.

De là, un officier ou un soldat en vigie
scrute constamment du regard la forêt; il
n'aperçoit qu'une vaste étendue boursouflée,
une sorte d'océan formé par les cimes juxta-
posées et serrées de milliers et de milliers
d'arbres, et dont les vagues seraient simulées
par les renflements de cette masse de verdure
correspondant aux ondulations du sol.

C'est en vain que, de jour et de nuit, le
guetteur cherche, épie des bruits de voix,
des cris d'animaux domestiques, un mince
filet de fumée, une lueur, un indice enfin, qui
décèle l'emplacement des ouvrages occupés
par les pirates; en avant, la forêt reste muette,

silencieuse et comme inhabitée; elle semble ne point vouloir trahir le secret de l'asile que ceux-ci ont confié à ses profondeurs. C'est aux avancées, à proximité des ouvrages ennemis, dans la zone dangereuse de ses feux, qu'il faudra élever de nouveaux miradors! Pour protéger les observateurs, on entourera alors ces plates-formes aériennes de fascines suspendues ou de plaques de combat de canonnières qui leur donneront l'aspect pittoresque des tourelles dont sont munies les hunes de nos cuirassés.

En même temps, un peu partout, se sont élevés des éléments de tranchées-abris; des épaulements : ici, abritant une escouade de protection de travailleurs; là, une pièce braquée devant une éclaircie, une gorge, une trouée; aux avancées, à la tête des cheminements des colonnes, ce sont des petites places d'armes fortifiées, improvisées en quelques heures, au moyen de milliers de fascines; vingt, quarante hommes s'y installent, pour garder le terrain conquis. Là, complètement isolés, abandonnés à leurs seules forces, ces groupes vont passer la nuit, aux écoutes, sans faire de bruit, la fraction de garde couchée contre le retranchement, la baïonnette au canon, le fusil prêt à faire feu, pendant que l'autre fraction repose, en arrière, étendue sur la terre nue : véritable veillée des armes qui a ses émotions poignantes et d'incomparables charmes.

La nuit s'est faite depuis longtemps, sans étoiles, plus noire encore sous cette voûte de feuillage. Soudain, l'oreille attentive d'une sentinelle discerne un froissement de branches, comme un frôlement produit par le vol d'un oiseau de nuit, un bruit presque imperceptible. Ce sont des pirates qui se glissent, en rampant à terre, à travers les enlacements de broussailles et de haies et lentement, lentement, viennent rôder, fantômes invisibles, autour des postes, à quelques mètres; examinant, relevant les travaux d'approche et préparant des embuscades pour en arrêter la reprise au point du jour. Sur une autre partie de la forêt, c'est une fusillade qui éclate soudainement : des pirates exécutent des feux de salve sur la silhouette qu'ils ont cru entrevoir d'une sentinelle ; ils fouillent de leurs projectiles la brousse en avant d'eux, espérant qu'en ripostant, les avant-postes vont démasquer leur position ; pas de réponse ; la nuit, le soldat a ordre de ne faire usage de son arme qu'en cas de danger imminent.

Une autre fois, un éclair déchire les ténèbres, suivi de la voix tonnante du canon : un obus, une bombe passe au-dessus des postes avancés et va tomber avec fracas sur l'un des ouvrages ennemis que l'on a repérés dans la journée. Des cris de colère, des imprécations y répondent ; des invitations, des défis aux combats individuels, aux prises corps à corps ; les invectives les plus grossières à l'adresse de ces Français qui, au lieu d'en venir de suite à la rencontre impatiemment attendue, envoient de loin ces terribles projectiles qui vont semer la mort dans leurs rangs. Puis subitement la forêt se plonge de nouveau dans le silence, et l'obscurité de la nuit semble devenir encore plus épaisse, plus intense.

Moments inoubliables pour ceux qui les ont vécus! où l'âme du plus brave s'étreint parfois d'indéfinissables frissons; rudes épreuves grâce auxquelles le jeune soldat qui compose la colonne va fortifier son courage, s'aguerrir pour l'heure qui paraît proche, où, selon toute prévision, on sera obligé d'en venir au combat pied à pied, aux assauts répétés pour avoir raison de cette bande de forcenés adversaires!

Marche des opérations. — Nous n'entrerons pas, pour les journées du 3 au 8 janvier inclus, dans l'exposé détaillé des opérations effectuées; les lecteurs que ces renseignements pourront intéresser les trouveront dans l'annexe n° 3 placée à la fin du volume.

Nous nous bornerons, pour ces mêmes journées, à donner ci-après la marche générale des travaux et reconnaissances.

3 janvier. — Dans la journée du 3 janvier, pendant qu'une partie de la réserve générale opère une diversion à l'extrême droite des positions ennemies, dans l'est de Hu-Thué, vers Lang-Nua où un fortin chinois a été signalé, les deux premiers groupes s'installent à Lang-Mac et à Hu-Thuong que les pirates évacuent à leur approche [1]. (Cartes 3 et 4.)

Les patrouilles des deux colonnes effectuent leur liaison par le sentier de Hu-Thuong à Lang-Mac, les commandants de groupe et le

—————

1. Quelques indigènes, choisis parmi les plus braves dans un groupe d'auxiliaires armés qui accompagnaient le *Quan-Huyen*, dont ils formaient la garde personnelle, avaient reçu pour mission de précéder les deux colonnes, dans les directions qu'elles allaient suivre, avec mission de recueillir des renseignements sur les points occupés par les pirates et sur les mouvements que ceux-ci pourraient effectuer au moment de la mise en marche de ces colonnes. — Les avant-gardes étaient à peine à 300 mètres des cantonnements qu'elles trouvèrent ces indigènes, couchés derrière un petit talus de rizière, plus morts que vifs. Ils prétendirent qu'ils avaient couru mille dangers, qu'ils avaient failli devenir la proie du tigre et tomber entre les mains de patrouilles de pirates qui avaient poussé leurs reconnaissances jusque dans le voisinage du cantonnement.

commandant de l'artillerie procèdent à plusieurs reconnaissances du terrain en vue de déterminer le point initial des cheminements.

Un poste établi sur un mamelon situé à 150 mètres, à l'est de Hu-Thuong, un autre poste établi à 100 mètres au nord de Lang-Mac, assurent la possession du sentier qui relie les deux cantonnements.

Pendant l'exécution de ces dispositions, des groupes de plusieurs centaines de pirates sont restés en observation sur la lisière des bois au nord et au nord-est de Hu-Thuong, sans engager le feu; dans l'indécision des intentions de la colonne, ils se tiennent prêts à défendre l'entrée de ces bois au cas où, comme ils le supposent, la colonne poursuivrait sa marche sur les ouvrages de Hu-Thué par le chemin suivi par les précédentes colonnes.

4 janvier. — Dans la journée du 4 janvier, le premier groupe a entrepris, de Lang-Mac comme point de départ et dans la direction du nord, direction approximative des ouvrages de

Hu-Thué, une large coulée à travers la forêt : cette coulée atteint, à la fin de la journée, une longueur de 400 mètres.

Le deuxième groupe organise défensivement deux mamelons isolés situés au nord-est et à l'est de Hu-Thuong et qui serviront de points initiaux à ses deux cheminements vers Hu-Thué. Ces deux mamelons prennent, le premier, la dénomination de mamelon Ozenne, le deuxième celle de mamelon Plessier, du nom des deux capitaines qui les occupent.

A onze heures du matin, des partis de pirates embusqués dans les bois tiraillent pour s'opposer à l'exécution des travaux effectués sur ces mamelons. Nos troupes ripostent par des feux de salve pendant que quelques obus sont tirés par les pièces de Hu-Thuong.

A huit heures du soir, une nouvelle attaque est tentée par les pirates contre les avant-postes retranchés du même groupe ; une centaine de coups de feu sont tirés par eux sans résultat ; nos troupes ne répondent pas.

5 janvier. — L'objectif général des deux groupes dans la journée du 5 est l'achèvement, à 600 mètres en avant de la base d'opération, d'une parallèle qui aura pour points d'appui les mamelons Ozenne et Plessier et, à notre aile droite, un mamelon qui doit se trouver sensiblement à mi-distance de Lang-Mac à Hu-Thué et dont on a délogé la veille un poste pirate[1]. L'organisation de ce mamelon, ainsi que celle des mamelons Ozenne et Plessier, est achevée

1. La colonne a trouvé, autour des ouvrages de *Hu-Thué*, un certain nombre de ces petits postes. Il en existe sur tous les sentiers conduisant aux repaires des pirates; ils se composent d'une dizaine d'abris et servent à la fois de corps de garde avancés et de magasins où sont réunis des approvisionnements en riz, en volaille, porcs, etc., pour la garnison. C'est en ces points que les habitants viennent déposer le riz et autres denrées réquisitionnées par les pirates : ces derniers les transportent de là eux-mêmes, dans l'intérieur des ouvrages. En principe, l'entrée des campements pirates et leurs abords sont interdits à tout étranger, même aux habitants des villages amis; les enfants et les femmes qui y sont amenés par les pirates et qui proviennent d'ordinaire de leurs prises, une fois dans le campement, n'en sortent plus que pour être dirigés sur la frontière pour être vendus : plusieurs femmes capturées par nos détachements à la fin de nos opérations, déclarèrent que, depuis le mois d'août, époque à laquelle elles furent internées dans *Hu-Thué*, c'est-à-dire pendant plus de cinq mois, aucune d'elles ne put dépasser une seule fois l'entrée du fortin.

dans la journée. Un observatoire-mirador est
établi sur chacun d'eux.

Le même jour, une colonne volante, forte
de 140 fusils, et d'une pièce de montagne,
fournis par la réserve générale, quitte Bo-Ha
à une heure du matin, sous les ordres du capitaine Ronget, de la Légion. Elle a pour mission
de tenter d'enlever par surprise, la nuit, un
campement situé à quatre heures de marche
de ce poste et au nord-est de Hu-Thué, sur les
derrières mêmes du fortin ennemi et dans
lequel le chef pirate Dé-Nam a, dit-on, fait
transporter la plus grande partie de son butin.

Malheureusement, le succès de l'opération
est compromis par l'évasion, à Bo-Ha, de
deux pirates prisonniers qui devaient servir
de guides; la colonne n'obtint par suite pas le
résultat recherché; cependant son apparition
sur la ligne de retraite de l'ennemi causa chez
ce dernier un certain émoi et opéra une diversion qui permit aux deux groupes de continuer leurs travaux sans être inquiétés.

6 janvier. — La matinée du 6 janvier est employée par les deux groupes à poursuivre leurs travaux de cheminement, conformément au plan général qui leur a été tracé. Au premier groupe, la tête de la percée principale est arrivée à 1000 mètres environ au nord de **Lang-Mac** : elle a atteint un mamelon d'assez fort relief qui sera organisé en point d'appui; on entend les pirates travailler de leur côté, à proximité, dans le bois en avant : l'on en conclut que ceux-ci prennent leurs dispositions pour entraver la marche des travaux de la colonne.

Le deuxième groupe, du mirador qu'il a construit sur le mamelon **Plessier**, relève à 600 mètres dans le nord-est, des constructions qui lui paraissent appartenir à des ouvrages de Hu-Thué. Vingt obus sont tirés dans cette direction avec des charges de poudre réduites.

L'après-midi du même jour est consacré par chacun de ces groupes à diriger deux reconnaissances offensives vers les ouvrages de Hu-Thué, dans le but de déterminer le nombre et l'emplacement des points occupés par l'ennemi.

Après quelques obus tirés pour fouiller le terrain en avant, la première reconnaissance, commandée par le capitaine Robert, explore les abords du ponceau du Ngoï-Sat. Une autre reconnaissance, sous les ordres du capitaine de Guigné, pousse jusqu'à un groupe de cases organisées défensivement et fortement occupées par les pirates. Les reconnaissances du deuxième groupe fouillent, de leur côté, le bois dans la direction des ouvrages ennemis et capturent un pirate. Pendant le même temps, une fraction de la réserve générale, sous les ordres du capitaine Tétart, déloge quelques pirates de Lang-Van, puis attaque et détruit, après un petit engagement, le fortin chinois de Lang-Nua.

Il résulte de l'ensemble des renseignements obtenus : que les pirates sont établis dans la forêt sur un front étendu depuis Cho-Go, à l'ouest, jusqu'à Lang-Nua, à l'est ; que leur principal repaire a une grande valeur défensive ; que, de jour et de nuit, des pirates sont encore employés à la construction d'ouvrages annexes, face aux emplacements occupés par nos têtes de colonne ; que le nombre des défenseurs, leur armement, leurs dispositions sont tels que de grands efforts, de grands sacrifices peut-être, seront nécessaires pour s'en emparer.

7 janvier. — Dans la journée du 7 janvier, le premier groupe entame la construction d'une place d'armes avancée sur le mamelon, point terminus du 6. Il continue sa percée ; la pousse, en descendant une pente très raide, à 200 mètres du sommet de ce mamelon, l'interrompt sur un parcours de 40 mètres effectué dans une ancienne rizière et la reprend pour gravir la pente sud d'un nouveau mamelon très boisé dont l'occupation, d'après les prévisions, sera l'objectif final du premier groupe.

Au deuxième groupe, la pièce du mamelon Plessier envoie, pendant la nuit, une vingtaine d'obus sur les constructions ennemies repérées la veille.

Dans la journée, un mamelon de haut relief, situé à 300 mètres au nord de Hu-Thuong, est couronné par la compagnie Daval : il constitue l'appui de gauche de la deuxième parallèle. Une pièce y est établie; elle bat Cho-Go et la direction de la redoute Blaise. En même temps, une percée est entreprise sur le versant sud-est d'un mamelon très boisé, situé au nord-est du mamelon Plessier et dont le sommet devra être utilisé pour l'établissement de la place d'armes avancée du deuxième groupe.

Dans l'après-midi, le commandant de la brigade, avec un détachement de la réserve générale, va reconnaître le terrain au nord-est du ponceau du Ngoï-Sat, en vue de rechercher un emplacement permettant de prendre à revers par des feux d'infanterie et d'artil-

leric les positions ennemies. La reconnaissance rentre par le village pirate de Lang-
Van qu'elle incendie à son passage.

8 janvier. — Le 8 janvier, au moment où
les têtes des deux groupes veulent reprendre
leurs travaux de cheminement, elles sont
accueillies sur leur front et sur leur flanc droit
par une vive fusillade. Il devient dès lors
nécessaire, à chaque groupe, avant de pousser
plus loin, de se créer un point d'appui à proximité de son point terminus. Dans ce but, le
premier groupe continue et achève, dans la
journée, la construction de sa place d'armes
avancée, pendant que le second groupe cherche
à atteindre le sommet du mamelon sur lequel
la sienne doit être établie. En même temps,
une forte reconnaissance passe le Ngoï-Sat et
va procéder au déboisement d'un mamelon reconnu la veille, et situé à l'est des positions des
pirates. Ce dernier travail est interrompu à
plusieurs reprises par suite de la fusillade
dirigée par l'ennemi sur la reconnaissance.

A quatre heures du soir, les mortiers que l'on vient d'établir en batterie sur la place d'armes avancée du premier groupe envoient les premières bombes sur les positions des pirates : ces derniers ripostent par une vingtaine de feux de salve bien exécutés et tirés sur la place d'armes [1]. Le feu des mortiers, un instant suspendu, et celui des pièces du deuxième groupe sont repris et continués jusqu'à une heure avancée de la nuit. Malheureusement ces bombes n'éclatent que dans la proportion de une sur cinq à six.

Ces tirs constituent une première préparation du bombardement général des positions des pirates, décidé pour le lendemain, en vue de provoquer l'évacuation des ouvrages avancés

---

1. « Les violons sont accordés, la danse va commencer », s'écrie en ce moment, toujours plein d'entrain et d'humour, le brave capitaine D...., en redressant le plus possible sa petite taille, comme pour en imposer aux pirates, tandis que les balles drues, serrées, sifflent leurs notes stridentes à quelques centimètres au-dessus de nos têtes. On voit, par ce détail, que même dans certaines situations que l'on pourrait qualifier de délicates, la gaieté française abandonne rarement ses droits.

ennemis déjà repérés et de permettre la poursuite des travaux d'approche.

Journée du 9 janvier. — *Attaque générale des positions des pirates. Mort du capitaine de Guigné.* — Les objectifs de la journée du 9 janvier, indiqués déjà par des ordres verbaux, sont résumés dans un ordre général (n° 8) qui parvint aux commandants des groupes dans le milieu de la nuit.

Ces objectifs sont : 1° la reprise par le premier groupe des travaux permettant l'occupation du mamelon, point terminus du 7 janvier; 2° l'établissement par le second groupe d'une place d'armes sur le mamelon tête de son cheminement; tous les renseignements recueillis faisant prévoir que le tir de plein fouet sur les ouvrages de Hu-Thué pourra être entrepris du sommet de ces deux mamelons; 3° le passage du Ngoï-Sat par une fraction de la réserve générale qui s'établira, sur la rive gauche, sur des mamelons permettant de battre les ouvrages ennemis par des feux d'écharpe et de revers.

L'exécution des opérations concernant les deux premiers objectifs doit être précédée d'un bombardement général des positions ennemies par les pièces des deux groupes et par celles de la réserve générale.

La réserve générale, avec le commandant de la brigade, prendra, pendant la deuxième phase, une formation de rassemblement sur un point désigné, entre Lang-Mac et le ponceau, et se transportera ensuite au ponceau ; le commandant de la brigade recevra sur ce dernier point les rapports des commandants des groupes et dirigera les opérations générales.

Première phase. — A cinq heures trente du matin, un feu lent est ouvert par toutes les pièces des deux groupes.

La pièce et les mortiers du premier groupe ainsi que la pièce du mamelon Daval dirigent leurs feux sur différents ouvrages qui ont été signalés au nord de la place d'armes du pre-

HACHETTE ET Cⁱᵉ.
Cho Gô
Ancien marché
Pagode
Petit Bois
Pagodon
Lang Nua
Hu-Thué
S. Martin
Redoute Nord
Rizières abandonnées
Echelle
0   100   200.   300   400 mètres
Opérations contre Hu-Thué
Carte dressée à l'état major de la 2ᵐᵉ Brigᵈᵉ
Travaux d'approche
des 1ʳᵉ & 2ᵉ Colonnes au 11 Janvier 1891
et Combat du 9 Janvier (4ᵉᵐᵉ phase 11ʰ matin)
Secteur 1 ... Troupes du 2ᵐᵉ Groupe
"   2   "   1ᵉʳ Groupe
"   3   "   Réserve Générale
3
vers Lang
Van & Luoc Ha
Rizières abandonnées
Lang Man

mier groupe, à des distances de 200, 300 et 400 mètres. La pièce du mamelon Plessier tire sur l'emplacement supposé du fortin de Hu-Thué.

Vers six heures du matin, lorsque le jour naissant permet l'observation de quelques points de chute, le feu augmente d'intensité et continue ainsi jusqu'à sept heures trente.

Deuxième phase. — A partir de ce moment, les objectifs sont en partie modifiés en vue de préparer l'occupation par la réserve générale des emplacements où elle doit s'établir.

La pièce et les mortiers du premier groupe allongent leur tir de manière à battre le terrain autour du ponceau et les mamelons au nord-est de ce point de passage du Ngoï-Sat.

La pièce du mamelon Daval bat les mêmes points, en allongeant progressivement son tir jusqu'à 1 300 mètres.

La pièce du mamelon Plessier seule conserve son objectif initial : le fort de Hu-Thué.

Cette deuxième phase se prolonge jusqu'à neuf heures du matin.

Troisième phase. — A ce moment, la section de mortiers reprend son objectif de la première phase; la pièce du premier groupe allonge légèrement son tir de manière à battre la position de Hu-Thué.

La pièce du mamelon Plessier déplace sa ligne de tir afin de battre la redoute Blaise et de ne pas gêner l'établissement de la réserve générale, sur la rive gauche du Ngoï-Sat. — Pour le même motif, la pièce du mamelon Daval cesse de tirer.

Réserve générale. — *Dispositions préliminaires.* — A neuf heures, le commandant de la brigade se porte au ponceau avec la réserve générale, comprenant : 2 pelotons d'infanterie de marine, dont l'un est fourni par le deuxième groupe; un peloton de légionnaires, une compagnie de tirailleurs et une section de 80 millimètres ; il dispose ces troupes de la manière suivante :

Le lieutenant Lefort, avec son peloton de tirailleurs, une pièce d'artillerie, sous les ordres du lieutenant Rougy, et une section d'infanterie de marine du peloton Labaysse, prend position sur un mamelon (mamelon R) situé à 200 mètres environ au nord-est du ponceau ; la deuxième section de ce peloton est en réserve au pied des pentes sud de ce mamelon. Le lieutenant Lefort a pour mission d'organiser rapidement sur ce point un emplacement pour la pièce d'artillerie, d'obtenir des vues vers les ouvrages de Hu-Thué et de battre ces derniers par des feux d'artillerie et d'infanterie.

Le capitaine Tétart, avec le peloton Poulain (tirailleurs) et une section de légionnaires, s'établit à l'extrême droite, sur un mamelon (mamelon T), qui fait face à Lang-Nua : il est chargé d'organiser défensivement ce mamelon pour pouvoir, le cas échéant, y laisser un poste de 120 hommes; dans l'action qui va se dérouler, il doit chercher à se porter sur les lignes de retraite de l'ennemi.

La deuxième section de légionnaires (lieutenant Vary) relie les fractions Lefort et Tétart, en occupant une croupe intermédiaire (croupe S).

Au ponceau se trouvent : 1° une pièce d'artillerie qui enfile l'étroite coulée formée par le Ngoï-Sat et qui bat les pentes ouest du mamelon Lefort; 2° le peloton d'infanterie de marine Lapouble dont une section sert de soutien à la pièce et dont l'autre section, disposée un peu au sud du ponceau et sur la gauche, surveille le débouché de deux coulées qui conduisent à la place d'armes du premier groupe et à la redoute Sud.

Les fractions détachées au delà du Ngoï-Sat sont placées sous le commandement du capitaine Ronget.

Ces mouvements ne sont pas encore achevés

que les observateurs des miradors signalent que de très longues files de porteurs indigènes, effectuant sans doute le déménagement des approvisionnements contenus dans Hu-Thué et dans les environs des ouvrages, circulent entre ce point et Lang-Nua, protégés par de forts groupes de pirates. Une centaine de ces derniers longent la lisière des bois; un grand nombre d'autres débouchent des bois au nord de Lang-Nua.

Le capitaine Tétart qui aperçoit ces bandes, se porte à leur rencontre avec une section de légionnaires et une section de tirailleurs : des coups de feu sont échangés. Après un petit engagement, les bandes rentrent sous bois ; le capitaine Tétart, se trouvant en l'air, se replie alors sur sa première position.

Pendant ce temps, la fraction Lefort et la fraction du ponceau, tout en faisant exécuter des feux d'artillerie et des feux d'infanterie sur la partie de ces bandes qui passait en vue de leur position, procédaient à un débroussaillement rapide du terrain pour ménager aux deux pièces un bon champ de tir et construisaient, au moyen de pare-balles de canonnières et de fascines apportées par les hommes, des épaulements pour les escouades de protection des travaux, et pour les pièces.

Vers dix heures, les pirates prennent position en grand nombre, sur la lisière des bois, sur la rive gauche du Ngoï-Sat, offrant le combat : « Tirailleurs et coolies, baissez-vous, nous allons engager le feu ! » crient plusieurs d'entre eux au moyen de porte-voix : quelques secondes après, des feux de salve sont exécutés, suivis d'un tir rapide qui se prolonge pendant une dizaine de minutes. La fraction Lefort riposte par quelques feux de salve et par des feux ajustés exécutés par des hommes choisis, munis du Lebel.

Pendant la fusillade, on entend distinctement, du ponceau et du mamelon voisin, les pirates exhortant les tirailleurs à passer à l'ennemi et mettant à prix la tête des Européens : « Tirailleurs ! venez à nous ! leur crient-ils. Vous recevrez 50 piastres par tête de soldat, 100 piastres par tête d'officier que vous apporterez ! Désertez ! Il ne vous sera fait aucun mal. C'est aux Français seuls que nous en voulons [1]. »

D'autre part, le mouvement de va-et-vient des pirates entre Hu-Thué et Lang-Nua s'accentue : des groupes nombreux apparaissent de nouveau vers Lang-Nua et aux environs. Ces dispositions font supposer que l'ennemi, s'attendant à une action générale de la colonne, action que les mouvements qui s'exécutent et que l'intensité de la canonnade engagée depuis le matin lui font prévoir, a réuni sur sa gauche une grande partie de ses renforts, et qu'il va concentrer son action

[1]. Les tirailleurs ne paraissaient pas se laisser beaucoup émouvoir par les offres alléchantes des pirates. 100 piastres constituent pourtant une fortune pour toute une famille annamite. L'un d'eux, ex-pirate, auquel un officier demandait si les pirates étaient de bonne foi dans leurs promesses, répondit d'un air incrédule en haussant les épaules : « Hum ! eux menteurs, quand moi apporter tête toi, eux peut-être donner seulement 10 piastres ».

dans une attaque de l'aile droite de la colonne. Cette supposition prend un certain fondement, lorsque l'on entend un chef pirate donner l'ordre « d'envoyer encore un détachement de 200 hommes, comme renfort, sur la droite, où les Français sont en grand nombre ».

Le commandant de la brigade, informé de cette disposition, demande 50 hommes au commandant du premier groupe, dont l'action doit être locale et n'exige pas de troupes nombreuses : ce détachement, à son arrivée, est placé en réserve au ponceau.

A dix heures quinze, une grande rumeur, mêlée de cris de colère et de détresse, éclate tout à coup en pleine forêt dans la direction de Hu-Thué; des colonnes épaisses de fumée noire, caractéristique des feux de cases en paille, et une vive crépitation, provenant de bambous enflammés, ne laissent pas de doute sur la nature de l'incendie que l'on aperçoit : un village est en flammes!

Cet heureux résultat vient d'être obtenu par l'éclatement d'une bombe incendiaire [1].

A la vue de l'incendie, toutes les pièces de la colonne augmentent l'intensité de leur tir; et des feux de salve répétés, exécutés par les différentes fractions de la réserve générale, sont dirigés principalement sur les derrières des positions pirates.

Suivant les ordres du commandant de la brigade, la phase de préparation doit se prolonger jusqu'à dix heures trente. A ce moment, le feu doit cesser sur tout le front, et le premier groupe doit se porter en avant pour occuper le point terminus du 7.

1. On saura plus tard seulement que ce village se trouvait dans l'intérieur même du fortin principal de Hu-Thué.
D'après la déclaration que fit ultérieurement un prisonnier, un certain nombre de pirates, ne trouvant plus place dans l'intérieur du fortin en feu, évacuent à ce moment l'ouvrage et se massent dans les bois environnants; mais les guerriers qui, sous le nom de « Bataillon des Valeureux », « Bataillon Inébranlable », en constituent la garnison spéciale, se sont blottis contre les trois gradins des parapets et là, déterminés à une résistance désespérée, attendent l'attaque; de même, les garnisons des ouvrages annexes, malgré le bombardement d'une durée de plusieurs heures auquel elles sont soumises, demeurent à leur poste.

En présence des résultats favorables du tir général de l'artillerie et des feux de la réserve, résultats signalés par un observateur établi sur un mirador qui a été improvisé, près du ponceau, le commandant de la brigade prescrit, à dix heures vingt, au commandant du premier groupe de différer sa marche en avant jusqu'à onze heures trente ; à ce moment, les positions ennemies auront été bouleversées par nos projectiles et l'intérieur et les abords en auront été sans doute rendus intenables.

Engagement du premier groupe. — A la réception de cet ordre qui a subi un léger retard dans son arrivée à destination en raison des difficultés de communication, le commandant du premier groupe fait connaître au commandant de la brigade qu'il lui est impossible de différer l'attaque.

Le commandant de ce groupe, estimant qu'il ne peut reprendre possession du point terminus du 7 qu'en enlevant l'ouvrage annexe qui est en avant, a en effet, dès dix heures du matin, fractionné ses effectifs en deux colonnes d'assaut, commandées par les capitaines de Guigné (colonne de droite), Cozanet (colonne de gauche), et une réserve restant sous son commandement immédiat.

A dix heures trente, le feu de l'artillerie de ce groupe cesse et des feux de salve nourris continuent à être exécutés sur l'ouvrage en avant par les deux colonnes d'attaque disposées à flanc de coteau sur le mamelon de la place d'armes.

A dix heures quarante-cinq, les deux colonnes d'assaut s'ébranlent, traversent rapidement la rizière et pénètrent par petits paquets, le coupe-coupe à la main, dans le bois du mamelon en avant, où elles s'engagent complètement; la colonne de Guigné, gagnant du terrain vers la droite pour tourner la position. L'absence de résistance fait supposer au commandant du groupe que la position est abandonnée. Il se porte en avant ayec une partie de sa réserve et fait sonner la charge, que les hommes, en se précipitant alors dans le fourré, baïonnette au canon, accompagnent de clameurs frénétiques.

Tout à coup une fusillade terrible éclate sur le sommet du mamelon : l'ennemi, tapi jusque-là dans un ouvrage au ras du sol et dissimulé par la crête militaire, a laissé passer les éclaireurs et n'a ouvert le feu qu'au commandement du chef pirate, sur le soutien, qu'il a laissé s'avancer jusqu'à une distance de quelques pas. Au même moment, les défenseurs du fortin et les groupes établis sur les flancs de cet ouvrage et sur d'autres points de la forêt engagent de leur côté simultanément l'action contre les colonnes d'attaque du premier groupe.

Malgré leur intrépidité, nos soldats, embarrassés par un inextricable réseau de lianes, de rotins et d'abatis, au point de ne pouvoir se servir de leurs armes, même pour tirer, sont arrêtés par cette barrière de feu. La première ligne se rejette en arrière; et c'est avec la plus grande peine qu'elle parvient à se dégager. Officiers et sous-officiers appellent leurs hommes, cherchent à les rallier autour d'eux : ils font aussitôt procéder à l'enlèvement des morts et des blessés dont quelques-uns sont tombés à quelques pas seulement de la redoute; chacun rivalise d'ardeur et de dévouement dans cette noble tâche; des actes nombreux de bravoure, d'héroïsme se produisent et dont les auteurs mériteraient d'être signalés. Citons entre ceux qui se sont le plus distingués : le lieutenant Bestagne, qui, un bras fracassé par un projectile, ne veut pas quitter le lieu du combat; les lieutenants Brezzi, Cibaud; le capitaine Cozanet; les adjudants Letourniant et Belland; les sergents Bouyssier, Médard, Dat, Gotanègre, Lorent; les caporaux Pain, Gabiano; les soldats Poupart, Boyance, Fieux et nombre de sous-officiers, caporaux et soldats indigènes.

A ce moment, le commandant du premier

groupe, recevant de la réserve générale un renfort de 25 Européens, avec l'ordre de se maintenir sur le point terminus du 7, sans chercher à pousser au delà, fait connaître qu'il ne lui est pas possible de garder ce point : en effet, les troupes, dès qu'elles eurent acquis la certitude qu'aucun homme, qu'aucune arme n'avaient été laissés sur le terrain, s'étaient toutes repliées rapidement sur la place d'armes, où des dispositions étaient prises aussitôt pour résister à une contre-attaque, si elle venait à se produire.

La fusillade de l'ennemi continua non interrompue pendant encore vingt minutes, dirigée à la fois contre les fractions de la place d'armes, contre celles du ponceau et celles du mamelon voisin, couverte, par intervalles, par les exhortations et les encouragements du commandant du fortin qui criait dans son porte-voix : « Soldats de l'Armée Fidèle! Bataillon Inébranlable! Bataillon des Valeureux! je suis content de vous! Tenez bon!

Des renforts nous arrivent. Vous êtes invincibles ! »

Sur la droite, les fractions Lefort n'avaient cessé, pendant toute la durée de cette action, de diriger des feux ajustés sur des groupes de pirates et sur des hommes isolés qui accouraient pour renforcer les défenseurs de Hu-Thué ; à plusieurs reprises, les plus braves s'étaient portés audacieusement au-devant de nos colonnes d'assaut ; leurs mouvements étaient marqués, à travers bois, par les lignes de feu et par les cris des combattants.

De son côté, le capitaine Tétart s'était avancé encore une fois vers Lang-Nua et avait rejeté dans les bois des groupes de pirates qui s'étaient de nouveau formés sur ce point et autour d'une pagode voisine du village, pagode qui fut détruite et incendiée par des obus de la pièce du ponceau dont le lieutenant Rougy réglait le tir, de l'emplacement qu'il occupait avec la deuxième pièce.

Si les fractions de la réserve générale qui,

pendant cette journée, ont été engagées pendant plusieurs heures, et ont été exposées par moments à un feu très vif, n'ont pas subi de pertes, il faut l'attribuer, pour une grande part, au calme avec lequel leurs officiers ont dirigé leurs mouvements, au choix judicieux qu'ils ont fait des positions, et au soin qu'ils ont mis à improviser rapidement des abris de combat pour les hommes et pour les pièces. Dans cette circonstance comme lors de la fusillade dirigée, la veille au soir, contre la place d'armes du premier groupe, les pare-balles de canonnières, en tôle, ont rendu de réels services en arrêtant nombre de projectiles qui, sans cet abri, eussent atteint les hommes sur lesquels ils étaient dirigés.

Deuxième groupe. — Le deuxième groupe avait participé, dans la mesure des ordres reçus, à la préparation générale de l'attaque; à dix heures trente, le commandant de ce groupe faisait couronner le mamelon, tête de son cheminement, et prenait aussitôt ses dispositions pour l'établissement d'une place d'armes en ce point.

Son mouvement était couvert par une forte reconnaissance envoyée vers Cho-Go, sous le commandement du lieutenant Audebert et dont la mission était également d'attirer l'attention de l'ennemi de ce côté.

Cet officier avait ordre de ne pas dépasser le Ngoï-Sat; mais apercevant devant lui de nombreux groupes qui, à son approche, se replièrent vers le nord, il se laissa entraîner à leur poursuite et leur fit éprouver quelques pertes [1].

A peine son avant-garde a-t-elle franchi le Ngoï-Sat, à Cho-Go, qu'elle est accueillie par

---

1. « Nous avons cinq hommes blessés : venez les prendre », criait à la suite de la première décharge, à des groupes établis en arrière, un pirate qui se trouvait sur la première ligne, et aussitôt des pirates se détachaient de ces groupes et venaient rapidement effectuer l'enlèvement des morts et blessés, sous le feu de la troupe. Ce service est généralement très bien organisé dans ces bandes, et il est rare que l'on puisse s'emparer des corps et des armes de ceux des leurs qui tombent sur le champ de bataille.

une vive fusillade partant du mamelon en avant, en même temps que ses deux flancs et ses derrières sont vivement attaqués; cette intensité de feux est due sans doute à l'entrée en ligne des 200 pirates de renfort, détachés de Hu-Thué, et que l'on avait crus destinés à opérer un mouvement sur notre aile droite.

Le commandant de la reconnaissance, ne se sentant pas en force, bat en retraite, appuyé par un détachement de tirailleurs du capitaine Daval qui s'est porté à son secours dès les premiers coups de feu.

Une patrouille de ce détachement, qui s'est avancée dans les bois, pendant cet engagement, rend compte, à son retour, qu'elle est arrivée jusque près de la redoute Blaise; en réalité, elle n'a entrevu qu'une des nombreuses tranchées dont l'ennemi, depuis l'affaire du 22 décembre, avait couvert le terrain, entre Cho-Go et Hu-Thué, en prévision de la reprise de notre attaque par ce côté.

Il est midi; la fusillade de l'ennemi a cessé

sur le front des deux groupes; un feu lent des troupes de la réserve générale continue sur tous les détachements et sur les hommes isolés qui sont aperçus.

Reprise du tir de l'artillerie. — A midi et demi, le commandant de la brigade reçoit du commandant du premier groupe communication du résultat de l'opération tentée.

Nous avons 2 tués, dont le capitaine de Guigné, et 7 blessés, dont les lieutenants Bestagne et Brezzi.

A une heure, il reçoit communication du résultat des opérations du deuxième groupe.

A deux heures, le commandant de la brigade donne l'ordre aux fractions de troupes établies sur la rive gauche du Ngoï-Sat, de rentrer à Luoc-Ha, dans le but de leur épargner les fatigues d'une nuit de veille, et peut-être de combat, et en prévision d'opérations ultérieures nécessitant des troupes fraîches; il se porte ensuite à la place d'armes du premier groupe. Il fait reprendre un feu lent d'artillerie sur les positions ennemies. Ce feu est continué jusqu'à quatre heures par le premier groupe et jusqu'à cinq heures trente par les pièces du deuxième groupe. Il donne en même temps aux commandants des deux groupes des instructions pour la continuation des travaux pendant le reste de la journée du 9 et pour la matinée du 10. Il prescrit notamment, d'une manière formelle, aux commandants des deux groupes, de prendre pied, sans délai, chacun par la construction d'un petit ouvrage rapide, en fascines, sur les pentes sud des deux mamelons avancés, objectifs de l'attaque des deux groupes; l'occupation de ces points s'impose en effet, pour ne point porter atteinte au moral de la troupe qui garde ainsi une partie du terrain conquis sur l'ennemi dans cette journée, et aussi pour bien marquer à ce dernier notre résolution de ne point nous laisser rebuter par un insuccès; en outre, les troupes qui devaient passer la nuit du 9 au 10 dans ces ouvrages, avaient ordre de s'opposer à toute tentative de construction par l'ennemi de nouveaux travaux d'approche dans leur voisinage.

Reconnaissances de la canonnière le *Moulun*. — L'équipage de la canonnière le *Moulun* avait eu, dans la période du 3 au 8 janvier, plusieurs engagements heureux contre de petites bandes de pirates qui circulaient entre Luc-Lieu et Phu-Dinh ou qui venaient tirailler contre les habitants des villages amis de la rive gauche.

Le lieutenant de vaisseau de Montbrun, commandant de cette canonnière, résolut de profiter, le 9 janvier, de l'action générale engagée par la colonne contre toutes les bandes qui s'étaient concentrées dans les bois de Hu-Thué pour entreprendre, de son côté, un coup de main contre Phu-Dinh et Lang-Soï, d'où partaient les pirates, auteurs de ces incursions. Le 9 janvier, 20 hommes débarqués du

Moulun, renforcés de 50 auxiliaires armés fournis par les villages de la rive gauche, marchent contre Lang-Soï et Phu-Dinh, qui furent enlevés de midi à deux heures, à la suite d'une escarmouche avec quelques pirates laissés pour la garde de ces villages.

Funérailles du capitaine de Guigné. — Le lendemain, 10 janvier, aux premières lueurs du jour éclairant l'horizon d'une lumière encore indécise et blafarde, des détachements en armes, des groupes d'officiers et de soldats se rassemblaient, en silence, au pied du mamelon de Luoc-Ha, dans la rizière qui étend son damier d'épis jaunis jusqu'au bois de Hu-Thuong.

Une vingtaine de civières portant des blessés et des malades sont amenées et rangées le long du sentier; à leurs côtés, sont des coolies brancardiers prêts à les enlever.

Sur l'une de ces civières, détachée des autres, repose le corps du capitaine de Guigné,

enroulé dans un drapeau aux couleurs natio-
nales ; au-dessus, son dolman, son sabre, son
képi et des couronnes de feuillage tressées
par des mains amies. Auprès d'elle se tient,
dans une attitude touchante, un tirailleur,
tout jeune, on dirait un enfant, et dont les
sanglots éclatent par moments avec force :
c'est son soldat-ordonnance.

Une profonde tristesse se reflète sur tous
les visages : chacun reporte sa pensée dans
une fugitive vision, par delà les mers, vers
les êtres chers qu'il a laissés et que la fou-
droyante nouvelle de la perte d'un fils, d'un
père, peut ainsi surprendre, à tout instant,
dans leur attente anxieuse ! L'on repasse dans
son esprit les circonstances si impression-
nantes de la mort du capitaine de Guigné qui,
comme Blaise, avait eu le pressentiment de
sa fin prochaine. « Je suis le premier à marcher, avait-il dit la veille, à l'un de ses
camarades qu'il affectionnait d'une manière
particulière : si, demain, je reçois l'ordre

d'attaquer, j'irai comme Blaise à une mort certaine! Que faire en effet dans ces impénétrables taillis où l'on est obligé d'en venir aux prises, à quelques pas de distance, avec l'ennemi! les pirates ne me manqueront certes pas! » Puis il ajouta affectueusement : « Si je marche, tâchez de venir me rejoindre : j'aimerais à sentir un ami près de moi! » Et en effet, les pirates ne l'avaient pas épargné : il était tombé, l'un des premiers, à la tête de ses hommes, la poitrine trouée par deux balles!

Au milieu d'un pieux recueillement, le colonel commandant la brigade fait porter les armes : il s'avance de quelques pas en avant du groupe d'officiers, et adresse au capitaine de Guigné son adieu suprême et celui de ses compagnons d'armes. Il rappelle ses brillants débuts, à l'âge de vingt ans, au Sénégal, sous ses ordres. Capitaine à vingt-sept ans, officier instruit, d'une grande distinction, merveilleusement doué sous le rapport de l'intelligence, il avait toutes les qualités voulues pour parcourir une très belle carrière! « De Guigné, dit-il en terminant, est mort en brave; de la mort que tout soldat doit désirer. Ce nouveau deuil n'abattra pas nos courages. Ayons sans cesse présent à l'esprit que Notre vie est tout entière au service de la patrie et que nous devons être prêts, à toute heure, à lui en faire le sacrifice. »

Et, pendant que, sous l'escorte d'une petite colonne, le funèbre convoi s'ébranle lentement vers Bo-Ha, où de Guigné va être inhumé aux côtés de Blaise, de Camilatos, de Plat et de tant d'autres braves, le canon tonne, des coups de feu retentissent, non loin de là, vers Hu-Thué, comme des salves tirées en l'honneur de glorieuses funérailles; et le soleil, déchirant les nuées dont il était voilé depuis plusieurs jours, apparaît radieux, immense, à l'horizon, inondant la plaine d'une éblouissante lumière : spectacle grandiose, véritable apothéose d'un héros!

Journée du 10 janvier. — *Premier groupe.*
— En exécution des ordres du commandant
de la brigade, le premier groupe qui a pris
pied la veille , au bas des pentes sud du
mamelon couronné par la redoute ennemie,
entreprend, dans la direction du nord-ouest,
une coulée qui contourne ce mamelon et est
défilée des feux de cet ouvrage.

Cette coulée, par sa jonction avec un cheminement qui a pour point de départ la place
d'armes avancée du deuxième groupe, et pour
direction, la direction est, constituera une
sorte de troisième parallèle à 250 mètres
environ du fortin de Hu-Thué.

Au premier groupe, les travailleurs sont
couverts par une ligne de pare-balles de
canonnière d'un développement de 10 mètres,
déplacés au fur et à mesure de l'avancement
des travaux. Ce travail s'effectue sans que les
travailleurs soient inquiétés.

L'ordre est donné au commandant du premier groupe de pousser des patrouilles jusque

sur les ouvrages mêmes, pour s'assurer s'ils sont ou non occupés. En exécution de cet ordre, dans l'après-midi, deux patrouilles, dont l'une est commandée par le capitaine Cozanet, sont envoyées et constatent, *de visu*, que la redoute attaquée la veille est encore fortement occupée par les pirates : dans une embrasure, on distingue une caronade, auprès de laquelle se tiennent des hommes, une mèche allumée à la main, prêts à mettre le feu, et qui est braquée dans la direction de la coulée principale. A la réception de ces renseignements, le commandant de la brigade décide la construction, de nuit, à une quarantaine de mètres de la redoute, d'un petit redan dont il marque lui-même le tracé sur le terrain [1].

---

1. Ici se place un curieux incident qui ferait croire qu'un accord tacite existerait entre tirailleurs et pirates dans le but de se ménager dans la limite du possible lorsqu'ils se trouvent seuls en présence. A la tête de la patrouille chargée de s'assurer si la redoute Sud était encore occupée et qui avait ordre d'essuyer, si cela était nécessaire pour faire cette constatation, le feu des défenseurs, avait été placé le sergent Tho, l'ex-chef pirate.

Doï Tho, suivi de quatre tirailleurs de confiance, s'engagea dans le bois, dans la direction de la redoute; se

Deuxième groupe. — Le deuxième groupe achève, au moyen de fascines et de pare-

glissant comme un reptile à travers les llanes et les brous-sailles, n'avançant que pas à pas et après avoir chaque fois sondé de la vue l'épaisseur du fourré, il parvint ainsi jusqu'à quelques mètres de l'enceinte palissadée de l'ouvrage ennemi : là, ses regards se croisèrent avec ceux de pirates dont la tête seule et le canon du fusil émergeaient du parapet et qui se bornèrent à l'observer attentivement. Doï Tho rebroussa chemin et fit faire le même trajet, dans les mêmes conditions, à un capitaine qui avait été chargé de contrôler les renseignements rapportés. « Pourquoi n'as-tu pas tiré sur les pirates ? avait demandé un officier à Doï Tho. — Parce que pirates eux pas tiré, répondit celui-ci ; nous être 5, eux être 30 ; si moi vouloir mettre en joue, une seule décharge pirates tuer nous tous. » Le tracé du redan avancé fut alors effectué en présence des officiers supérieurs du premier groupe. A ce moment, Doï Tho qui, dans un jargon mi-français, mi-annamite, donnait des détails sur ce qu'il avait vu, prenant l'un de ces officiers par la main, s'enfonça avec lui dans la brousse, dans la direction de la redoute. Ils s'avancèrent ainsi jusque près du point où la terre teinte de sang marquait la place où le capitaine de Guigné avait été tué : là, le colloque sui-vant s'engagea à voix très basse, comme on le devine, entre l'officier et le sergent. « Eh bien ! où veux-tu me conduire ? — Moi faire voir à toi petit canon et pirates, là, tout près. — Mais, malheureux, en apercevant mon casque, mes manches galonnées, ma décoration, ils vont reconnaître un chef et me tuer à bout portant ? — Oui, eux tuer toi. — Comment, tu veux donc ma mort ? — Ah ! non, dit le pauvre Tho, en prenant un air piteux ; mais toi faire ce que moi dire : toi enlever maintenant casque ; enlever la croix ; retourner manche pour cacher galons ; puis marcher comme cela, pirates pas reconnaître et pas tirer. » Et en même temps il s'accroupissait à terre, dans la position d'un animal à quatre pattes.

L'on n'était plus qu'à une petite distance de la redoute

balles, l'organisation de sa place d'armes avancée où la pièce du mamelon Plessier est transportée; ensuite il poursuit son débrous-saillement autour de la place d'armes et prin-cipalement dans la direction du nord-est, pour avoir des vues sur le fortin. Ce travail n'est pas inquiété, mais l'on entend, à diverses reprises, les ordres des chefs pirates prescri-vant à leurs hommes de ne commencer le feu qu'à leur commandement, lorsque « ces chiens de Français seront à distance très rappro-chée ».

Du haut d'un mirador construit sur ce mamelon, le capitaine Dargelos, qui a fait des observations successivement du sommet des différents miradors, découvre, enfin, par 60° est, à 300 mètres environ, un fort retranche-ment que l'on suppose faire partie du fortin

dont les défenseurs avaient dû être mis en éveil par tous ces mouvements qui venaient de s'effectuer. L'officier supé-rieur jugea inutile de poursuivre plus loin une exploration exécutée dans de semblables conditions et rebroussa che-min, suivi de Doï Tho.

de Hu-Thué. Ce point ne fait plus l'objet d'aucun doute lorsque deux femmes, capturées par une patrouille, déclarent que le village, incendié la veille, est situé dans l'intérieur même du fortin; elles ajoutent qu'à leur connaissance les pirates ont eu, parmi les seuls défenseurs de cet ouvrage, 20 tués et 60 blessés.

A l'extrême gauche, dans le courant de la journée, la pièce du mamelon Daval tire fréquemment sur des groupes de pirates circulant entre Hu-Thué et Cho-Go.

Visite des travaux. — Le commandant de la brigade accompagné de son état major stationne pendant tout l'après-midi dans les places d'armes des deux colonnes pour assister à l'exécution des travaux; il renforce de cinquante hommes de la réserve générale, les effectifs de chacun des groupes, afin d'alléger le service de garde des tranchées et des places d'armes, et donne, de ces dernières, ses ordres pour l'opération qui doit être exécutée le lendemain dès la première heure.

Il communique en même temps aux chefs de groupe les instructions qu'il vient de recevoir du général en chef et qui lui prescrivent de nouveau, d'une manière très pressante, de hâter, pour des motifs d'ordre supérieur, la terminaison des opérations.

Par un autre télégramme répondant à celui qui a été expédié la veille, pour lui rendre compte du résultat des journées du 8 et du 9, le général en chef formule ainsi son appréciation : « Félicite colonne pour énergie et activité déployées qui m'inspirent pleine confiance dans succès final ».

Journée du 11 janvier. — Dans cette journée, le premier groupe doit renouveler l'opération tentée, sans succès, le 9 janvier, c'est-à-dire couronner la crête militaire en avant du point terminus du 7. L'établissement définitif des troupes sur cette crête sera facilité par l'organisation préalable du petit redan.

Au cas d'une résistance désespérée des pirates de la redoute et du fortin : 1° on aura raison de la redoute, en incendiant avec du pétrole, versé au moyen de longs bambous, les broussailles, abatis, etc., qui se dressent entre le petit redan et cette redoute; on effectuera ensuite le couronnement de cet ouvrage; 2° on obtiendra, de ce point, par l'abatage de la forêt, des vues directes sur le fortin principal; on ouvrira, par le canon, une brèche dans cet ouvrage pendant qu'une autre brèche y sera ouverte par la pièce de la place d'armes avancée du deuxième groupe.

A quatre heures du matin, la construction du petit redan est commencée, sous la direction du chef d'escadron Régis, par le lieutenant d'artillerie Livrelli, et sous la protection de la compagnie Cozanet.

Ce travail difficile et délicat, exigeant du calme et de l'audace, est exécuté dans le plus grand ordre et dans le plus grand silence; il est terminé à six heures trente; les travailleurs regagnent, aussitôt après, le pied du mamelon.

Préparation de l'attaque. — Le feu des pièces et des deux mortiers est alors ouvert sur cette redoute et sur le fortin de **Hu-Thué**.

A ce moment ce fortin est encore occupé; les observateurs des miradors signalent en effet plusieurs groupes d'indigènes circulant dans l'intérieur et sur les parapets.

Sur la gauche, la pièce du mamelon Daval exécute un feu lent dans la direction de la redoute Blaise et sur les bandes qui sont aperçues dans la trouée de Cho-Go.

Réserve générale. — Enfin, une colonne volante établie au ponceau, sous le commandement du capitaine Tétart, dirige des feux de salve sur quelques groupes qui circulent entre Hu-Thué et Lang-Nua.

A sept heures trente, le mortier du premier

groupe cesse son tir; c'est le signal de la cessation du feu de toutes les pièces qui tirent sur Hu-Thué. La compagnie Cozanet se porte dans le nouvel ouvrage et exécute, sur la redoute ennemie, une vingtaine de feux de salve rasants de fusils Lebel. — Des patrouilles de reconnaissance sont ensuite portées en avant; l'une d'elles, commandée par le sergent Médard, pénètre dans la redoute ennemie, évacuée seulement depuis quelques instants, ainsi que le témoignent des aliments encore chauds et des mares de sang : une section de la compagnie Robert occupe cet ouvrage.

Redoute Sud. — Cette redoute, d'une forme à peu près triangulaire, peut contenir une cinquantaine d'hommes; elle est placée légèrement en retrait de la crête militaire, et défilée d'une façon si parfaite que, tout en battant le terrain environnant et les abords du fortin principal, elle est totalement à l'abri des feux directs de l'infanterie et du tir de plein fouet de l'artillerie. Cet ouvrage consistait, au début des opérations contre Hu-Thué, en une demi-redoute. Au cours de ces opérations, il avait été transformé en un ouvrage fermé et sa force avait été considérablement augmentée.

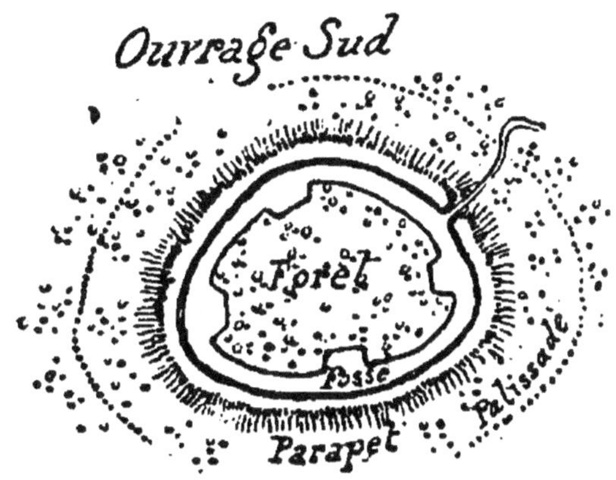

Dès l'occupation de la redoute, il en est rendu compte au commandant du premier groupe et au commandant de la brigade réunis à la place d'armes.

Plusieurs patrouilles sont envoyées aussitôt sur les deux flancs de l'ouvrage et en avant. Une patrouille de droite, dirigée par le caporal d'infanterie de marine Pain, arrive par des sentiers sinueux et hérissés, sur plus de cent mètres de longueur, de petits piquets, jusqu'à trois fortes palissades à travers lesquelles elle se fraye un passage. Pain escalade audacieusement, le premier, un retranchement de 3 m. 50 de relief et pénètre, suivi bientôt par quelques-uns de ses hommes, dans un fortin abandonné où des ruines de canhias (maisons) fument encore.

Une deuxième patrouille, attirée par les hourrahs du caporal Pain et de ses hommes, pénètre à son tour dans le fortin. Le lieutenant Deleuze, qui l'accompagne, reconnaît, aux renseignements qui ont été donnés par les prisonniers, qu'il est dans le fortin principal de Hu-Thué. Car il convient d'insister tout spécialement sur ce point que, malgré les attaques des 9, 11 et 22 décembre, malgré les nombreuses reconnaissances envoyées pendant l'exécution des travaux d'approche, malgré les nombreuses observations faites du haut des miradors des deux groupes, l'emplacement du fortin de Hu-Thué n'avait jamais été déterminé exactement, tellement le pays au milieu duquel il était construit, est difficile, couvert et boisé.

Fortin de Hu-Thué. — Ce fortin, contrairement aux règles le plus généralement admises pour le choix des positions défensives, est situé dans un bas-fond et est à moitié creusé dans le sol; les terres qui ont servi à la construction des parapets ont été prises à la fois à l'extérieur et dans le terre-plein, de sorte que l'ouvrage entier est merveilleusement défilé des vues et des coups de l'artillerie établie dans ses environs. Quant aux défenseurs, lorsqu'ils se tiennent sur le terre-plein ou sur les gradins inférieurs, ils ne peuvent être atteints que par des projectiles tirés en bombe; un relèvement naturel du terrain, tout autour de l'ouvrage, lui constitue, en outre, une sorte de masse couvrante. Aussi l'on constate que l'artillerie lui a fait peu de mal ou bien que les dégâts qu'elle a causés ont été réparés au fur et à mesure qu'ils se produisaient.

L'ouvrage a la forme d'un rectangle dont les faces ont respectivement 45 et 65 mètres de longueur.

Le parapet a le profil et les dimensions du retranchement rapide ; mais le talus extérieur est presque à pic et pourvu de créneaux à environ 50 centimètres au-dessous de la crête : des gradins intérieurs permettent d'atteindre ces créneaux qui servent pour des tireurs à genou, tandis que des hommes debout peuvent faire feu par-dessus la crête du parapet.

Les faces sont flanquées par quatre bastionnets ressemblant extérieurement à des tours, et qui sont munis de deux rangées de créneaux : une pour tireur couché, l'autre pour tireur à genou ou assis.

Au milieu de l'une des faces est ménagé, au moyen de traverses en pisé, un abri dans lequel se tenait le commandant du fortin, pendant le combat, pour donner ses ordres ;

quelques arbres, dépouillés de leurs branches, avaient été conservés dans l'intérieur du fortin pour servir de miradors.

L'entrée du fortin se compose de trois portes s'ouvrant successivement dans un même couloir tortueux, que protège une demi-lune enveloppant le bastion Nord.

Les abords du fortin sont hérissés, sur une profondeur d'une quarantaine de mètres, de grands et de petits piquets appointés. De nombreux trous de loup, profonds, disposés régulièrement et aussi judicieusement que ceux de nos polygones d'études et munis, au fond de l'entonnoir, de deux à trois piquets chacun, rendent encore l'accès plus difficile : sur quelques points, ces trous de loup, recouverts de feuilles sèches et de branchages, sont dissimulés à la vue.

Les faces nord et est sont en outre protégées par un fossé de 10 mètres environ de largeur, embarrassé de bambous épineux, de piquets, d'abatis et ayant une profondeur d'eau

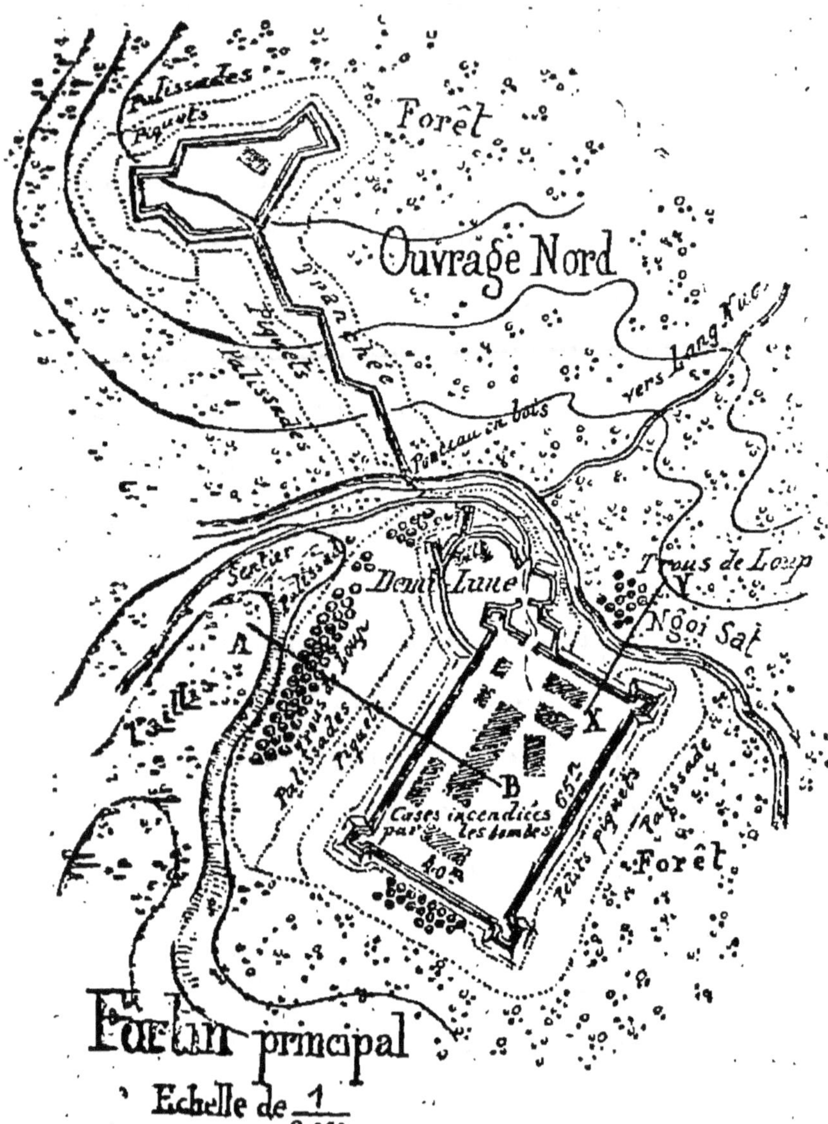

Forêt
Palissades
Piquets
Ouvrage Nord
vers Lang-Xac
Tranchée
Piquets
Palissades
Ponteau en bois
Trous de Loup
Sentier
Palissade
Demi-Lune
Ngoi Sat
Taillis
Trous Loup
Palissades
Piquets
X
B
65ᵐ
Cases incendiées
par les bombes
40ᵐ
Murs piquets
Palissade
Forêt
Fortin principal
Echelle de $\frac{1}{2\,000}$

Taillis
Palissade
Demi Lune
Bastion
Terre-plein
P.ts Piquets
Grands piquets
Coupe suivant AB
5 m
Terre-plein
Ngoi Sat
2 m 80
Coupe suivant XY
Trous de loup { 0 m 90 de diamètre
0 m 80 de profondeur
Bac Ninh le 12 Février 1891
L'Officier de renseig.ts de la 2.e Brigade
Brezzi

d'environ 1 m. 60 obtenue par le moyen d'un barrage.

Tout autour de ces défenses, c'est la forêt, avec des arbres de 30 mètres de haut, masquant la vue de l'ouvrage, et un réseau inextricable de lianes, d'arbustes, au pied desquels sont encore de petits piquets, des trous de loup, etc., et qui ne permettent l'approche qu'après un long travail, le coupe-coupe à la main. Par son redoutable aspect, par cette accumulation de défenses et d'obstacles qui en faisaient un ouvrage formidable, ce fortin méritait bien la dénomination de « Fort de la Mort » que lui avaient donné les indigènes !

De nombreux projectiles non éclatés (obus et bombes) sont trouvés dans le fortin ou dans ses environs immédiats. Des ordres sévères sont donnés aux troupes et aux coolies pour qu'il n'y soit pas touché ; seuls, des artilleurs sont chargés de rapporter les bombes au parc de la batterie, et c'était piquant que de voir ces braves soldats circuler, une bombe dans les bras et ayant l'air penaud du renard de la fable, accablés de lazzis par les fantassins auxquels ils n'avaient pas manqué, à tout propos, durant le siège, de vanter les effets terribles de leurs engins [1].

1. Le commandant de l'artillerie et du génie de la colonne exprima, dans son rapport, de la manière ci-après, son opinion sur ce fait : « En entrant dans le fort de Hu-Thué et en entendant proclamer l'efficace brutalité du canon sur les obstacles matériels, par les camarades de l'infanterie, je me suis demandé, en voyant, dans l'intérieur de ce fort, des obus intacts et des bombes vierges, si un personnel aussi intrépide et aussi méritant que celui des troupes de la marine, ne serait pas digne d'expérimenter les engins perfectionnés qui moisissent dans les arsenaux de France... ».

Nous nous associons pleinement aux sentiments qui ont dicté ces énergiques desiderata et ce ne sera pas, croyons-nous, l'un des moindres enseignements que l'on pourra tirer de l'expérience des derniers événements militaires survenus au Tonkin, que d'avoir reconnu la nécessité, l'urgence même, d'un armement d'artillerie et d'infanterie mieux approprié aux conditions de cette guerre, d'une plus solide constitution des éléments des colonnes dans lesquelles il faudra compter un plus grand nombre de soldats européens faits et aguerris, en remplacement des jeunes soldats, à peine exercés, qui les composent en grande partie; car les bandes annamites ou chinoises contre lesquelles on a aujourd'hui à lutter ont fait de sérieux progrès comme organisation, comme armement, comme instruction militaire même, et si certains de leurs travaux, tels ceux de Hu-Thué, dénotent une connaissance approfondie de l'art de la fortification, certaines de leurs opérations ont révélé, d'autre part, chez ces bandes, des qualités tactiques et de bravoure personnelle qu'il ne faut pas méconnaître.

Des fusils, des sabres, des coupes-coupes, des lances sont çà et là au [milieu des débris fumants des habitations : de nombreuses coiffures, salakos de tirailleurs et de miliciens, un casque d'Européen; des monceaux d'étuis de cartouches de fusils à tir rapide de divers modèles gisent un peu partout. Détail singulier : parmi les étuis de cartouches de fusil modèle 1874, il en est qui portent le millésime de fabrication 1886, tandis que nos troupes n'ont encore en service que des cartouches marquées au millésime de 1883 et 1884.

Un cheval atteint d'un éclat d'obus à la cuisse, une jeune fille que les émotions du siège ont rendue idiote, sont découverts dans un bastion.

Au nombre des objets abandonnés par l'ennemi dans le fortin, se trouvaient quelques sceaux de chefs et une *tablette commémorative*.

L'un des sceaux portait comme inscription :

Croquis du fortin et de la demi-lune, d'après une photographie.

Le Than-bien (mandarin lettré détaché aux affaires militaires), *commandant le bataillon de droite « l'Inébranlable »*. Ce sceau était presque neuf; la dénomination qui précède avait été décernée à une partie des défenseurs à la suite des premières affaires de Hu-Thué.

La tablette commémorative, « tablette des ancêtres », a été trouvée dans la demi-lune, sur un autel dressé, sous un petit abri de paille, dans cette partie du fortin.

Elle portait l'inscription suivante :

A LA MÉMOIRE

DU COMMANDANT EN CHEF

DES TROUPES

DU NORD (le Tonkin),

LE GRAND SERVITEUR DU ROI,

LE VERTUEUX,

LE FIDÉLE SUJET

NGUYEN

GOUVERNEUR

DU TONKIN.

VÉNÉREZ

CETTE INSCRIPTION.

Les derniers mots ne sont employés que dans les tablettes qui sont établies en l'honneur des génies bienfaiteurs ou de très hauts mandarins. Au reste le prénom « Nguyen » indique que le personnage à la mémoire duquel a été composée la tablette est un mandarin de sang royal, et son titre de gouverneur du Tonkin équivaut à notre titre de vice-roi. C'est par cette dénomination que les Annamites désignent celui qui dirige, au Tonkin, le parti de la résistance contre les Français : l'autorité de ce personnage est reconnue et acceptée sans conteste par tous les chefs des bandes de pirates et par ceux des nombreuses sociétés secrètes chinoises ou annamites qui sont constituées dans notre colonie; par une grande marque de respect, son nom ne doit jamais être prononcé par le peuple.

A l'état de vétusté de la tablette, on constate qu'elle a de six mois à un an d'existence.

Cette tablette était l'objet d'une grande vénération de la part des pirates de Hu-Thué. Deux fois par jour, nous rapporte un indigène, Dé-Than et les autres chefs venaient lui faire les salutations réservées au culte des génies et des ancêtres.

Lorsqu'un combat était imminent, la cérémonie se faisait alors avec une certaine solennité : des présents étaient déposés sur l'autel, devant la tablette ; des baguettes d'encens étaient allumées et, au milieu du plus grand silence, se détachant du groupe de guerriers qui se tenaient pressés, autour de l'autel, dans un pieux recueillement, Dé-Than s'avançait et venait se prosterner devant la tablette. « Oh ! toi, Grand Chef vénéré de nous tous, s'écriait-il ; grand serviteur du vrai roi d'Annam, étends ta protection sur l'Armée Fidèle. Donne du cœur aux moins vaillants et exalte encore la valeur des plus braves. Ne souffre pas que les Français se rendent maîtres de notre refuge. Accorde-nous la victoire et nous te devrons encore une plus grande reconnaissance. »

Puis Dé-Than se retirait; chaque chef venait à son tour se prosterner et adresser une invocation analogue.

A la suite de l'insuccès éprouvé par nos colonnes dans les trois premières attaques dirigées par elles contre le fortin de Hu-Thué, ces cérémonies se passaient d'une manière plus bruyante. Autant pour témoigner à ses hommes sa satisfaction pour leur belle conduite, que pour rendre hommage au Grand Chef vénéré, Dé-Than donnait alors l'ordre d'égorger des buffles, des porcs, des boucs, qu'il offrait à ce dernier en sacrifice. Les villages du Yen-Thé payaient, bien entendu, les frais de la fête.

Devant l'autel et sur l'autel étaient entassés des viandes, des volailles, des monceaux de gâteaux et de fruits, des fioles renfermant du vin de riz. Des tam-tam, des gongs résonnaient; les trompes, les flûtes, les violons et autres instruments qui composent l'orchestre annamite, faisaient entendre des airs joyeux. Après les salutations d'usage, Dé-Than, et, à sa suite, les autres chefs remerciaient l'illustre mort de leur avoir donné la victoire.

Les viandes et le vin étaient ensuite emportés et distribués aux pirates : c'étaient alors, dans les campements, de grandes réjouissances, des agapes guerrières, des libations répétées, des chants belliqueux dans lesquels « ces chiens d'étrangers » n'étaient pas épargnés et, depuis de longues heures, le soleil avait disparu de l'horizon, que la forêt, d'ordinaire si sombre, si triste, si silencieuse, était encore éclairée des reflets éclatants des feux des campements, et retentissait des cris d'allégresse des pirates.

Redoute Blaise. — Quelques instants après l'occupation du fortin, une patrouille envoyée au nord de l'ouvrage, sur la rive gauche du Ngoï-Sat, pénètre dans la redoute Blaise, qu'elle trouve également abandonnée. Cette redoute a un développement de crête d'environ trois cents mètres et constitue un petit camp retranché ; deux bastionnets sont construits aux angles nord et ouest. Son tracé est admirablement approprié à la forme du mouvement de terrain dont elle couronne les pentes, qui sont à pic du côté du Ngoï-Sat ; de même qu'à la redoute Sud, une forte palissade, des abatis, des petits piquets, des entrelacements de lianes et d'arbustes défendent ses approches. Enfin, un véritable chemin couvert, défendu de chaque côté par un parapet et par une palissade, et construit selon un tracé en crémaillère fort remarquable, assure les communications entre la redoute Blaise et le fortin, et fournit encore une longue ligne de crêtes pour des feux d'infanterie. Une petite pagode, dédiée au dieu de la guerre, se dresse au milieu de la redoute. Une petite passerelle est établie pour le franchissement du Ngoï-Sat et relie l'entrée du fortin à la tête du chemin couvert : constituée par un tronc d'arbre disposé entre deux eaux, à 50 centimètres de profondeur, cette passerelle se trouve ainsi complètement dissimulée à la vue.

Vers neuf heures trente du matin, le commandant de la brigade est dans le fortin de Hu-Thué : il décide que les troupes du premier groupe occuperont les positions conquises, que les officiers de la réserve générale et du deuxième groupe et les hommes de troupe les plus méritants visiteront, dans la journée, les différents ouvrages ennemis.

Il fait en même temps paraître l'ordre général ci-après :

Aujourd'hui, 11 janvier, à dix heures du matin, le fort de Hu-Thué, les redoutes et autres ouvrages avancés de ce fort sont occupés par nos troupes.

Grâce à l'énergie, à la ténacité de tous, officiers et soldats, l'objectif fixé au colonel commandant la deuxième brigade est aujourd'hui atteint.

Le colonel adresse à tous, ses félicitations et ses remerciements.

Il prie MM. les commandants de groupe de lui faire parvenir leurs propositions pour .l'avancement et pour la Légion d'honneur en faveur des officiers et des hommes de troupe sous leurs ordres, qui se sont plus particulièrement distingués ; il les appuiera de tout son pouvoir [1].

Le colonel commandant la deuxième brigade et la colonne du Yen-Thé,

Signé : FREY.

Fortin de Hu-Thué, 11 janvier 1891.

Afin de bien affirmer notre prise de possession, les troupes des deux groupes passèrent la nuit suivante dans leurs places d'armes et dans les ouvrages ennemis.

Des brèches furent pratiquées dans le fortin ; il fallut renoncer à une destruction complète des ouvrages, destruction qui n'eût pas exigé moins de vingt mille journées de coolies, d'après l'avis du commandant du génie, travail hors de proportion avec le temps et les moyens dont disposait la colonne.

---

1. Au reçu de l'avis de la prise de *Hu-Thué*, le général en chef adresse, de son côté, un télégramme ainsi conçu : « Félicitations, prise position si forte grâce habiles dispositions, ténacité et courage troupes ».

Ce travail n'était au reste nullement indispensable ; grâce à la proximité des nouveaux postes de Nha-Nam et de Luoc-Ha, et au soin avec lequel la position des ouvrages des pirates fut relevée, on pouvait présumer que, de longtemps, ceux-ci ne tenteraient de les réoccuper, dans la crainte d'y être pris comme dans une souricière.

En effet, trois mois après la chute de Hu-Thué, au mois d'avril 1891, le colonel Dominé, qui succéda au colonel Frey dans le commandement de la deuxième brigade, alla visiter lesdits ouvrages et les travaux d'approche de la colonne, et constata que les pirates n'y avaient point reparu.

Dès dix heures du matin, une patrouille, sous les ordres du lieutenant Deleuze, avait été envoyée du fortin vers le ponceau, où elle s'était mise en communication avec la colonne volante, après avoir parcouru un terrain très difficile, présentant de nombreuses fondrières.

D'autres patrouilles furent envoyées, dans

le courant de la journée, pour explorer les environs de Hu-Thué; elles ne trouvèrent pas trace d'ennemis.

Celui-ci s'était dispersé dans des directions diverses : les bandes qui étaient accourues au secours de Dé-Than rentrèrent en effet dans leurs quartiers, théâtre ordinaire de leurs exploits; une partie des habitants du Yen-Thé rallièrent leurs villages; seul, un noyau de pirates, sans feu ni lieu, gens de sac et de corde, attachés à la fortune du chef Dé-Nam, s'enfoncèrent plus avant dans les forêts, dans la direction du nord, dans des refuges préparés de fraîche date et dont l'emplacement était inconnu [1].

1. D'après les renseignements fournis par les postes de Lang-Son, Thaï-Nguyen et Cho-Trang, ces refuges sont établis vers Huong-Ba, à trois journées de marche de Thaï-Nguyen, sur l'un des contreforts du massif montagneux du Caï-Kinh; d'autres fortins ont été encore élevés, comme places d'armes avancées, au sud de ces refuges, faisant face à nos postes de Nha-Nam et de Luoc-Ha; l'un d'eux se trouverait à 8 kilomètres au nord de ce dernier poste. La prise de ces repaires nécessitera une nouvelle et pénible opération, qui sera facilitée, il est vrai, dans une certaine mesure, par la connaissance que l'on a acquise du pays

Pertes des ennemis. — En pénétrant dans les ouvrages de Hu-Thué, le soldat n'eut pas la satisfaction, rarement donnée à nos troupes, au Tonkin, même quand elles enlèvent une position d'assaut, de pouvoir, dans la joie sans pareille de la victoire, par le nombre de cadavres gisants à terre des ennemis, faire la constatation réconfortante que ses morts ont été chèrement vengés !

Les pirates avaient mis à profit la nuit du 9 pour enlever leurs morts et leurs blessés : pendant une partie de cette nuit, les fractions

et surtout par la préparation qui aura pu en être faite à loisir ; mais ce n'est que par une action combinée de colonnes solidement constituées, munies d'engins d'artillerie perfectionnés (obus et bombes à la mélinite) et ayant pour points de départ, Thaï-Nguyen, Pho-Binh-Gia et Bac-Ninh, et opérant méthodiquement dans ce vaste triangle, que l'on parviendra à venir à bout une bonne fois de tous ces repaires et des bandes de cette vaste région, qui sont une perpétuelle menace pour le delta septentrional. Pour cette opération il serait indispensable que, rompant avec les procédés habituels, ces diverses provinces, y compris le Yen-Thé, fussent, pendant le temps nécessaire, placées sous la dépendance directe de l'autorité militaire, sinon l'action de cette dernière, pendant la durée des opérations et dans la période de pacification qui suivra l'expédition, ne pourrait avoir toute son efficacité et celle-ci ne donnerait pas tous les résultats qu'on doit en attendre.

de veille établies sur nos positions avancées, signalèrent de nombreuses allées et venues de pirates sous bois; aux plaintes étouffées, aux gémissements qui parvenaient jusqu'à elles, aux lueurs tremblotantes des petits falots qui, dans les ténèbres, apparaissaient et disparaissaient à travers les broussailles, comme autant de feux follets, il était aisé de reconnaître que les pirates enlevaient leurs blessés et recherchaient leurs morts tombés autour du fortin. Les blessés et les corps des guerriers de marque qui avaient été tués, furent emportés; le reste avait été enseveli dans un cimetière improvisé; mais cette opération avait été faite avec tant de hâte que les tombes, à peine recouvertes, laissaient paraître une partie des membres de ceux qui reposaient là leur dernier sommeil, au pied et comme sous la protection du fortin qu'ils avaient si vaillamment défendu. Quelques cadavres n'avaient pas été retrouvés : ils étaient restés dans les bois autour de Hu-Thué; d'autres encore avaient été abandonnés dans le Ngoï-Sat; une reconnaissance qui, quelques jours après, repassa par le lieu du combat, vit s'élever à son approche un vol considérable de corbeaux qui tourbillonnèrent au-dessus des ouvrages en poussant des croassements sinistres : l'odeur répandue par les corps en putréfaction était si forte que la reconnaissance dut s'éloigner rapidement de ce lieu empesté, laissant aux oiseaux de proie le soin d'achever leur œuvre immonde mais salutaire.

Les pertes essuyées par les pirates, à Hu-Thué, dans la journée du 9 janvier, furent importantes [1].

1. On évalue à une cinquantaine le nombre des guerriers tués ou qui moururent des suites de leurs blessures; dans ce nombre sont plusieurs chefs de bandes du Yen-Thé bien connus : citons, entre autres, Lanh-Chi, Thin-Thuoc, Lanh-Dam, Than-Bien; ce dernier était le chef d'une bande annamite qui était accourue du Loch-Nam, au secours de Dé-Than; il fut frappé d'une balle, à Cho-Go. Un autre chef, un Chinois, tomba à la pagode de Lang-Nua. Soixante à soixante-dix autres guerriers furent blessés : parmi eux se trouvaient Dé-Than, l'organisateur et le chef supérieur de la défense, et le vieux Ba-Phuc, son lieutenant, vieillard de soixante-cinq ans, reconnaissables tous

Si les projectiles d'artillerie eussent éclaté dans une plus grande proportion, ces pertes eussent été autrement considérables, car de l'aveu d'un prisonnier, dans la journée du 9, une grande partie de ces bandes eût pu être détruite.

Quoi qu'il en soit, l'impression de terreur laissée dans l'esprit des défenseurs de Hu-Thué par ce feu violent d'infanterie et d'artillerie auquel ils furent soumis six heures durant, la chute d'ouvrages que les pirates proclamaient inexpugnables, eurent dans le pays, comme effet moral, un prompt et grand retentissement.

C'est qu'aussi, comme nous l'avons déjà dit, toutes les bandes de la région, les bandes chinoises ou annamites des régions voisines,

deux au bracelet en or qu'ils portaient au poignet droit, comme insigne distinctif. Désat ou Dékué, le principal lieutenant de Dé-Nam, fut aussi grièvement blessé. Un autre chef, Doc-Nho, fut également blessé. En résumé, sur les nombreux chefs des bandes du Yen-Thé ou des bandes amies accourues à leur secours, la moitié environ furent tués ou blessés.

d'autres venues de points éloignés de trois à quatre jours de marche, avaient tenu à apporter l'appoint de leurs contingents à l'œuvre commune de résistance contre l'étranger; à joindre leurs efforts à ceux des rebelles qui, à Hu-Thué, avaient entrepris de soutenir une lutte suprême contre nos troupes [1].

Dislocation de la colonne. — Le huitième jour du siège, ainsi que l'avait prévu le colo-

[1]. Dans le rapport officiel, on a évalué de douze à quinze cents le nombre de fusils réunis dans les bois de Hu-Thué, dans la journée du 9 janvier.

Là étaient présents :

1° Tous les hommes armés du Yen-Thé. Ces derniers avaient été prévenus que ceux dont l'absence aurait été constatée, seraient punis de mort;

2° Des contingents chinois et annamites des bandes du Loch-Nam;

3° Des contingents fournis par l'ancienne bande de Doï-Van;

4° Des Chinois venus de Pho-Binh-Gia;

5° Des dissidents, sinon des partisans mêmes de Luong-Tham-Ky (Cho-Chu), qui venait de faire sa soumission;

6° Des contingents de Baky, qui avait lui aussi demandé à faire sa soumission et avec lequel l'autorité civile était en pourparlers. Ce chef avait eu la précaution d'aviser les autorités françaises que si des Chinois se trouvaient à Hu-Thué, ils ne faisaient pas partie de sa bande.

Un fait certain est que, le 9 janvier, sur tous les points du front Cho-Go—Lang-Nua, où nos colonnes voulurent prendre l'offensive, elles trouvèrent, en face d'elles, des forces supérieures.

nel commandant la 2ᵉ brigade, dans son plan d'attaque soumis au général commandant en chef, les ouvrages de Hu-Thué étaient tous entre nos mains.

L'objectif imposé était ainsi atteint.

Le colonel commandant la 2ᵉ brigade avise le général en chef que, dans ces conditions, à moins d'un contre-ordre, il va commencer le plus tôt possible la dislocation de la colonne.

Journées des 12 et 13 janvier. — Conformément aux prescriptions de l'ordre général nº 13, le 12 janvier, les troupes sont concentrées à Luoc-Ha et à Lang-Sao en vue de cette dislocation.

Le 13, cette dislocation a lieu dans les conditions fixées par l'ordre général nº 14.

Le colonel commandant la brigade rentre à Bac-Ninh.

Le lieutenant-colonel Winckel-Mayer est laissé à Luoc-Ha avec deux pièces de 80 millimètres de montagne, avec les deux mortiers et un effectif d'environ 300 Européens et 400 tirailleurs.

Avec ces troupes, cet officier supérieur est chargé :

1° D'achever l'organisation et de fournir la garnison des deux postes de Luoc-Ha et de Nha-Nam. Ces postes, avec ceux de Bo-Ha et de Ha-Chau, formeront une barrière qui mettra les populations du Yen-Thé à l'abri des incursions des bandes qui se trouveraient encore ou qui pourraient se former dans la région au nord de cette ligne ;

2° De diriger une série de fortes reconnaissances, composées de troupes des deux armes, sur les lignes de retraite suivies par les bandes pirates ;

3° De rechercher les points où les bandes désorganisées auraient pu se reformer, et de les en chasser si ses moyens d'action le lui permettent.

Pirates capturés. — Un certain nombre de pirates et d'espions ou d'émissaires de ces derniers avaient été capturés au cours des opérations. Impassibles, refusant obstinément de répondre aux questions qui leur furent d'abord posées, en présence d'autres indigènes, la plupart d'entre eux, interrogés séparément et en secret, finirent à la longue par fournir quelques utiles renseignements. Il est de règle que tout pirate ainsi capturé est immédiatement exécuté, afin de frapper par ces actes de répression exemplaire et expéditive, l'esprit des indigènes et aussi, il faut l'avouer, comme représailles des supplices que les pirates font subir à ceux des nôtres qu'ils parviennent à saisir vivants. Les pirates du Yen-Thé, grâce à la complicité des habitants, s'étaient emparés, au début des opérations, de huit trams (courriers) envoyés de Bac-Ninh pour porter les correspondances à la colonne : tous avaient été décapités, séance tenante ; une vieille marchande qui avait été employée pour le même objet, avait subi le même sort.

Le Quan-Huyen, auquel le colonel avait

confié la garde de ces pirates prisonniers, ne voulant pas immobiliser les quelques *linhs* (auxiliaires armés) qui composaient son escorte personnelle, fit entourer d'une ligne de pieux un petit emplacement situé près d'une mare. Chaque prisonnier, assis, adossé à la mare, que l'on avait garnie d'abatis et de piquants, avait les chevilles prises entre deux pieux consécutifs : quelques hommes suffisaient ainsi à assurer la garde de cette prison d'un nouveau genre.

Le colonel fait amener les prisonniers devant lui : à leur marche chancelante, à l'expression de frayeur peinte sur leur visage, on devine qu'ils ont la conviction qu'ils marchent au supplice; au reste, deux des *linhs* qui les conduisent se sont déjà munis, chacun, d'un long coupe-coupe, dont ils ont aiguisé avec soin la lame, et sont prêts à faire l'office de bourreaux. Le colonel, s'adressant aux prisonniers, leur dit, en présence de plusieurs centaines d'indigènes accourus pour assister à l'exécution, que si l'Annamite est implacable dans sa vengeance, le Français est susceptible d'actes de clémence : comme preuve, quoique tous aient mérité la peine de mort, il leur donne la liberté. Ces malheureux, étonnés de la vie sauve, stupéfaits, se retirent en se prosternant jusqu'à terre et s'éloignent en marchant à reculons.

Ces exemples de générosité que l'on ne pourrait toutefois renouveler trop fréquemment, sous peine de paraître débonnaires aux yeux de gens auxquels la force seule en impose, nous paraissent de nature à tempérer le caractère de sauvagerie et de cruauté que l'indigène apporte dans ses luttes intestines aussi bien que dans ses guerres contre les Français.

Le colonel Frey, en adressant au général commandant en chef le compte rendu de ses opérations, le fait suivre des considérations ci-après :

En terminant ce rapport dans lequel il m'a
paru utile d'exposer avec un certain développement, en raison de leur caractère particulier, les
opérations qui ont été effectuées contre Hu-Thué,
j'ai l'honneur, mon général, de signaler à votre
haute appréciation le mérite de tous ceux, officiers et soldats, qui ont pris part à ces opérations
et de faire appel en leur faveur à toute votre
bienveillance.

Pendant plus d'un mois, nos troupes ont conservé le contact de l'ennemi. Elles n'ont jamais
opéré qu'en pleine forêt, exposées aux conséquences pernicieuses du séjour prolongé sous
bois.

Elles ont dû frayer tous leurs passages et
avancer pas à pas sur un terrain parfois vivement
disputé et particulièrement favorable aux embuscades.

Employées le jour aux travaux de cheminement ou aux reconnaissances, quand elles
n'avaient pas à combattre, elles devaient passer
toutes les nuits sur les points atteints dans les
conditions d'installation les plus précaires, souvent tenues en éveil par les alertes.

En face d'elles étaient des bandes nombreuses,
bien armées et aguerries, résolues pour la plupart
à défendre à outrance contre nous un territoire
qu'elles considéraient comme leur bien légitime.

Familiarisées avec toutes les particularités d'un
terrain totalement inconnu de nos troupes, elles

ont pu sans cesse les épier en toute sécurité, et les harceler avec d'autant plus d'audace et d'opiniâtreté qu'elles avaient toute confiance en l'appui final d'ouvrages solidement organisés et de nature, dans leur opinion, à défier tous nos efforts.

C'est ainsi, qu'en dehors de nombreux engagements, nos troupes ont livré quatre combats acharnés, après chacun desquels elles ont dû, malgré leur intrépidité, se replier devant l'impossibilité matérielle de parvenir jusqu'à l'ennemi retranché dans ces ouvrages.

Dans ces diverses rencontres nos pertes ont été les suivantes :

2 officiers tués et 2 blessés, dont l'un grièvement[1] ; 6 Européens tués et 25 blessés, dont deux morts des suites de leurs blessures ; 6 tirailleurs tués et 15 blessés, soit au total :

17 tués ou blessés mortellement, 39 blessés.

A ces pertes, il conviendrait d'ajouter celles provenant de maladies et de fatigues. Ainsi, sur 5 officiers évacués de la colonne, l'un est aujourd'hui décédé (lieutenant Loubère, de la légion).

De deux officiers qui devaient être rapatriés d'urgence, l'un est également décédé (lieutenant Poulain, du 2° tonkinois).

Enfin deux compagnies d'infanterie de marine, les 3° et 4° du 2° bataillon du 11° régiment, ont

---

1. Le lieutenant Bestagne est mort, en France, des suites de ses blessures.

eu, à elles seules, pendant la colonne ou dans les jours qui ont suivi la dislocation, plus de quatre-vingts entrées à l'hôpital, dont sept à l'heure actuelle ont été suivies de décès.

Dans de pareilles conditions, le dévouement le plus complet, la plus grande énergie de la part de tous étaient nécessaires pour permettre de poursuivre la lutte et de venir à bout de toutes les difficultés.

Nos troupes n'ont pas été au-dessous de leur devoir, puisque le résultat désiré est atteint.

Aussi, mon général, le dévouement et l'énergie ayant été à la même hauteur chez tous, je vous demande de vouloir bien examiner s'il ne serait pas de toute justice qu'une distinction commune vînt récompenser tant d'efforts et de sacrifices, et que la médaille commémorative fût accordée à tous les Européens ayant pris part aux opérations ainsi qu'aux équipages des deux canonnières le *Moulun* et le *Jacquin* qui ont partagé nos fatigues et contribué au succès.

Toutes les troupes n'ont pas eu, il est vrai, à fournir la même somme d'efforts; celles qui n'ont pas pu prendre part à toutes les opérations ont cependant suffisamment fait pour compléter le droit qu'elles avaient déjà acquis en opérant sous vos ordres dans la précédente colonne du Yen-Thé; d'ailleurs les difficultés et la durée de la dernière période me semblent justifier à elles seules la demande faite en leur faveur.

En outre, des actions méritoires ayant été accomplies et d'importants services rendus, je vous prie, mon général, de vouloir bien accueillir favorablement et appuyer les propositions particulières que j'ai cru devoir vous soumettre en faveur de ceux qui se sont le plus distingués.

Le général commandant en chef les troupes de l'Indo-Chine accueillit avec une grande bienveillance et transmit au ministre la plus grande partie des propositions que lui adressa le chef de la colonne : « J'ai lu avec un grand intérêt, lui écrivit-il, votre rapport sur les opérations dirigées contre les positions de Hu-Thué, du 9 décembre 1890 au 11 janvier 1891, pendant lesquelles vous avez eu à lutter contre des bandes nombreuses, aguerries et parfaitement retranchées, dont la ténacité a dépassé toutes les prévisions. Je suis parfaitement heureux d'avoir à vous exprimer ici toute ma satisfaction pour la façon remarquable dont vous avez dirigé les opérations et de rendre hommage à l'esprit de discipline et à l'entrain de vos vaillantes troupes [1].

« En raison des difficultés particulières que ces dernières ont eu à surmonter, de la bravoure dont elles ont fait preuve en plusieurs circonstances, j'accorde la médaille commémorative du Tonkin à tous les Européens qui ont pris une part effective à un des engagements livrés devant Hu-Thué. »

Ce n'est point là une récompense banale : car, en principe, cette distinction est presque uniquement réservée aujourd'hui aux militaires morts sur le champ de bataille, à ceux qui ont été blessés ou qui ont obtenu une citation.

En même temps deux officiers supérieurs,

1. « Les éloges que je vous ai adressés ainsi qu'aux braves troupes que vous avez commandées à Hu-Thué sont très mérités », écrivait encore, à la date du 9 mars, le général en chef; « la prise de ce repaire par les moyens que vous avez employés est une très belle opération qui restera dans nos annales du Tonkin avec un caractère particulier d'originalité et de ténacité.... »

six officiers subalternes et quarante sous-officiers, caporaux ou soldats, tant Européens
qu'indigènes, étaient l'objet d'une citation
élogieuse à l'ordre du jour des troupes de
l'Indo-Chine.

CHAPITRE IV

CONCLUSIONS

Indépendamment des mesures qui sont plus particulièrement relatives à la répression de la piraterie et que nous avons indiquées sommairement dans le cours du deuxième chapitre, on nous permettra, puisque l'occasion s'en offre à nous, d'en signaler de plus générales qui tendraient, si elles étaient mises résolument en vigueur, à la pacification entière du Tonkin et à l'établissement définitif de notre protectorat sur ce vaste pays. Deux années de séjour, pendant lesquelles il nous a été donné de commander successivement les brigades de Sontay et de Bac-Ninh et de diriger plusieurs opérations importantes, nous donnent peut-être quelque droit de formuler ici notre opinion raisonnée.

Le Tonkin est une école incomparable d'instruction et de discipline pour notre armée; toutes les qualités qui font le chef comme le soldat y trouvent de nombreuses occasions de se développer, de s'affirmer : initiative, sang-froid, coup d'œil, valeur, audace, dévouement, etc.

Si l'on parcourt ses annales militaires, l'on est étrangement surpris de constater la somme de capacité, d'activité, de travail, en un mot d'efforts intellectuels et physiques, que nos troupes doivent déployer pour faire face aux obligations multiples, pénibles et sans cesse renaissantes, qui sont le lot de la rude vie de campagne à laquelle elles sont soumises.

Si l'ennemi contre lequel elles luttent n'a pas le fanatisme, la bravoure, la furie du

Kabyle ou des guerriers du Soudan, il a une intelligence plus vive, un esprit remarquable d'assimilation dans l'emploi de nos moyens d'action, de nos procédés tactiques ; il fait preuve d'un art supérieur dans le choix de ses positions, dans la manière de les fortifier, et de la même indifférence, de la même impassibilité que les premiers devant la mort.

S'il n'a pas leurs déserts brûlants et sans eau, susceptibles d'arrêter la marche des colonnes, il dispose de forêts vierges immenses, impénétrables, pour y établir des repaires ; de cirques montagneux, d'infranchissables défilés ; d'un nombre infini de villages fortifiés devant chacun desquels une troupe peut trouver son tombeau ; il possède un armement à tir rapide aussi perfectionné et aussi bien entretenu que celui de nos soldats, et enfin il peut prélever sans compter, pour réparer ses pertes, autant d'hommes qu'il lui en faut, dans cette réserve inépuisable que forment les populations du Tonkin et de la Chine méridionale.

Cette situation mérite que la nation donne à ceux qui sont aux prises avec de si grandes difficultés tout ce qui est nécessaire pour assurer à leurs armes le succès en toute circonstance.

Personnel. — Dans cet ordre d'idées, il nous paraît indispensable, en premier lieu, d'organiser la constitution, sur des bases rationnelles, du commandement militaire : commandement en chef, commandement des brigades, commandement des subdivisions régionales; l'effectif des troupes, l'importance des décisions à prendre, la responsabilité qui en découle, exigent que les chefs placés à la tête de ces commandements aient l'expérience, la maturité de jugement, le prestige nécessaires pour les exercer avec fruit; trois officiers généraux et dix colonels ou lieutenants-colonels sont, au minimum, indispensables pour occuper les emplois réservés aux grades élevés.

A l'état de guerre dans lequel se trouve virtuellement le Tonkin correspondent, pour l'autorité militaire, des droits qu'on ne peut lui contester, sans paralyser ses efforts, sans rendre stériles les sacrifices demandés au pays.

Il y a lieu de donner à l'armée un rôle prépondérant dans la pacification des territoires manifestement troublés, que ceux-ci soient situés dans le Delta ou dans les hautes régions ; si le nombre de ses postes était augmenté, si ces derniers étaient reliés par un système de lignes télégraphiques ou téléphoniques, en attendant qu'avec le temps elles puissent l'être par de bonnes voies de communication ; si l'armée disposait de crédits suffisants pour se créer un bon service de renseignements ; si elle avait le pouvoir de faire accompagner ses détachements en opération par les fonctionnaires indigènes locaux, elle obtiendrait, grâce à une sûreté et à une rapidité plus grandes de ses informations, la mobilité nécessaire dans les mouvements de ses colonnes pour que celles-ci puissent avoir une action prompte et efficace : ce qui lui permettrait de poursuivre, de harceler les bandes, de les détruire, de rétablir et de maintenir l'ordre sur ces territoires.

En cas de concours, pour l'exécution de ces expéditions, d'éléments divers, guerre, marine, milices, etc., l'unité de direction doit être assurée d'une manière absolue; de même tous les services de l'artillerie, de l'intendance, de santé, devraient relever du commandement.

Dans les provinces où la résistance est plus sérieusement organisée, où il faut pour rompre cette dernière une action énergique, méthodique et prolongée, on doit décerner à l'armée la plénitude des pouvoirs par la déclaration de l'état de siège, conformément aux lois et décrets qui régissent, en France, son intervention dans de semblables circonstances. On ne saurait objecter, pour ne pas appliquer ces lois, que le Tonkin est un pays de protectorat : ce sont là subtilités de politique hors de mise quand il s'agit du renom de la France et de l'existence de notre colonie, pour laquelle la prolongation de la crise qu'elle traverse constitue un danger sur lequel on ne saurait trop appeler l'attention des pouvoirs publics.

Nous avons déjà signalé l'urgence de l'augmentation des effectifs actuels de l'armée et du nombre des canonnières; en ce qui concerne l'armée, cette augmentation peut être facilement obtenue par la transformation de dix mille gardes civils en tirailleurs tonkinois, dont la durée du service devrait être portée à quinze ou vingt ans, moyennant des dédommagements qui leur seraient accordés, en conformité des procédés que le gouvernement annamite emploie vis-à-vis de ses soldats. Deux nouveaux régiments de tirailleurs tonkinois seraient indispensables pour encadrer ces indigènes.

Comme troupes européennes, quatre bataillons de légion étrangère et un bataillon d'infanterie de marine seraient en outre nécessaires.

Le reste des gardes civils servirait à organiser des brigades de gendarmerie indigène, recrutées par les soins de l'autorité militaire parmi les sujets d'élite et mises par elle à la disposition de l'administration civile au même titre que la gendarmerie coloniale.

La création prochaine d'une armée coloniale permettra de n'expédier au Tonkin que des hommes faits, ayant une instruction militaire complète; de laisser les officiers et la troupe y séjourner sans limite de temps et au minimum pour une durée de trois ans; on réduira ainsi les frais de transport aujourd'hui si onéreux de nos troupes, et l'on pourra confier le commandement des postes à des officiers et à des sous-officiers ayant la connaissance

du pays, et si c'est possible, de la langue annamite.

Il importe, en même temps, de favoriser
l'étude de cette langue par les cadres, en leur
faisant suivre des cours d'annamite en France
comme dans la colonie.

Enfin, nous estimons qu'il y aurait lieu
de rétablir l'escadron de spahis tonkinois,
supprimé au commencement de l'année 1890
et qui, remonté en chevaux du pays, de petite
taille mais robustes et au pied sûr, avait rendu
de réels services dans mainte circonstance.

Matériel. — Notre matériel d'artillerie ne
répond qu'imparfaitement aux exigences de la
guerre au Tonkin, aussi bien dans les régions
montagneuses ou boisées que dans le Delta,
par suite de la nature du terrain, du mode de
construction des villages, des pagodes et autres
édifices naturellement fortifiés que l'on y rencontre.

Dans bien des circonstances, le tir indirect

ou en bombe est le seul possible et efficace;
aussi est-on alors obligé, au risque de passer,
aux yeux même de gens compétents, pour
vouloir ressusciter les procédés de la guerre
antique, d'avoir recours à notre vieux mortier
de 15 centimètres, absolument insuffisant
comme justesse et comme puissance. Nous
sommes convaincu de la nécessité de trouver
une pièce, démontable ou non, transportable
en tout cas par coolies, qui permettrait de
lancer à 500 ou 600 mètres un projectile à la
mélinite de 18 à 20 kilogrammes, susceptible
de bouleverser le système formidable de défenses élevé aujourd'hui, sur certains points,
par des pirates. Dans bien des cas, l'emploi de
l'une de ces pièces dispenserait de celui des
autres canons actuellement en service.

Le fusil Lebel, que l'infanterie de marine
possède depuis un an, rend au Tonkin les services qu'on en attendait; son adoption est un
appoint important qui équivaut à une augmentation d'effectifs. Cette arme a toutefois

l'inconvénient d'être trop lourde et, en raison de sa longueur, lorsqu'elle est munie de la baïonnette, elle devient d'un maniement difficile dans les zones montagneuses ou boisées : un mousqueton, du même modèle, muni d'une baïonnette légère, répondrait mieux au service de nos troupes coloniales. Tous les cadres de nos régiments tonkinois et un groupe de tirailleurs d'élite par compagnie devraient recevoir cet armement.

Il y a lieu de compléter l'équipement des soldats européens par la distribution à chaque homme d'un coupe-coupe léger du modèle de celui qui est en service dans les régiments de tirailleurs; cet outil est d'un emploi constant au Tonkin. En pays boisé *il* est absolument indispensable, à tel point que tous les indigènes, même les femmes, en sont toujours pourvus.

Devant Hu-Thué, des plaques de tôle, empruntées à nos canonnières, ont été utilisées, non sans succès, en guise de pare-balles, pour la construction rapide de tranchées sous le feu de l'ennemi. De petites opérations de siège analogues se renouvelleront sans doute plus fréquemment au Tonkin, au fur et à mesure que l'ennemi sera mieux familiarisé avec notre mode de combattre. Les principales places devraient, pour cette éventualité, posséder un certain nombre de pare-balles en métal léger, pouvant protéger à cent mètres un homme à genoux contre la balle du Remington.

En prévision de plus graves éventualités, un petit parc aérostatique pourrait être constitué à Hanoï.

L'emploi des chiens de guerre et des pigeons voyageurs devrait devenir réglementaire au Tonkin [1].

Dans chaque région, dans chaque poste, devrait être établi un carnet contenant non seu-

----

1. Nous pourrions citer plusieurs exemples d'embuscades de pirates annamites ou chinois éventées par des chiens de race française précédant des reconnaissances.

lement des données topographiques et statistiques sur la contrée, mais aussi l'historique des grandes comme des petites opérations qui y ont été effectuées; des renseignements sur la manière de combattre des bandes qui y stationnent : par ces moyens l'on faciliterait considérablement la tâche de ceux qui auraient à y effectuer de nouvelles opérations.

En terminant, rappelons, à propos des procédés tactiques à employer contre les bandes chinoises ou annamites, un principe dont un chef soucieux des obligations morales que lui imposent ses fonctions ne doit jamais se départir : infliger à l'ennemi le maximum des pertes avec le minimum des sacrifices. A notre avis, dans la plupart des cas, sauf dans les engagements de rencontre ou dans les coups de main, dans lesquels le succès dépend de la promptitude et de l'énergie de l'offensive, c'est moins par la « *furia* quand même » de la troupe, que par son sang-froid, par son moral et par sa discipline, par l'habileté des dispositions prises : manœuvres menaçant la ligne de retraite, préparation complète de l'attaque par les feux d'infanterie et par le canon, etc., et enfin par la ténacité du chef que les meilleurs résultats peuvent être obtenus dans nos expéditions d'outre-mer.

ANNEXES

ANNEXE I

DÉTAIL DES OPÉRATIONS EFFECTUÉES LE 6 NOVEMBRE 1890 CONTRE LES BANDES DE CAO-THUONG ET DE LUOC-HA

Les troupes d'opérations de la colonne du Yen-Thé, placée sous le commandement de M. le général Godin, furent réparties en trois groupes, dont la composition était la suivante :

Premier groupe : sous le commandement du chef de bataillon breveté de Beylié, de l'infanterie de marine ; 3 officiers, 102 hommes du 1ᵉʳ régiment étranger (capitaine Plessier) ; 2 officiers, 111 tirailleurs (capitaine Daval) ;

Second groupe : chef de bataillon Tane, de l'infanterie de marine, commandant ; 2 officiers, 80 hommes du 9ᵉ d'infanterie de marine (capitaine Piozin) ; 3 officiers, 136 hommes du même régiment (capitaine Connétable); 2 officiers, 108 tirailleurs du 3° tonkinois (lieutenant Blaise); une batterie de 4 pièces de 80 millimètres de montagne (capitaine Jacquot); une section de munitions mixte ; ambulance (aide-major de Moutard) avec 12 brancards; un convoi de vivres de réserve (aide commissaire Ayant);

Troisième groupe : capitaine Tétart, du 2° tonkinois, commandant; 1 officier et 58 hommes du 9° régiment d'infanterie de marine (lieutenant Brezzi); 68 tirailleurs du 2° tonkinois; 13 hommes du 1ᵉʳ régiment étranger; une pièce de 80 millimètres servie par 11 artilleurs.

Le premier objectif des opérations fut la prise de Cao-Thuong. L'échec sanglant que venait d'éprouver la garde civile au mois d'avril 1890 devant ses défenses, exigeait la chute immédiate de ce repaire, si l'on voulait débuter par un acte de vigueur destiné à abattre le moral des bandes et à prouver aux habitants du Yen-Thé notre supériorité et notre force.

Un ordre général de la brigade prescrivit que, dans la journée du 6 novembre, l'attaque de Cao-Thuong serait effectuée par les groupes de Beylié et Tanc réunis, pendant que le groupe Tétart, débouchant de Bo-Ha, opérerait une diversion vigoureuse sur la route de Tin-Dao et essayerait de couper aux bandes de Cao-Thuong leur ligne de retraite sur les bois de Hu-Thuong.

Attaque de Cao-Thuong. — Le 6 novembre, à sept heures du matin, les groupes de Beylié et Tane font leur jonction près de Phu-Moc; le général en prend le commandement. Il ordonne au commandant de Beylié de marcher sur Cao-Thuong et de reconnaître si le mamelon, où l'on sait un fortin établi, et si le village sont occupés.

Le groupe de Beylié prend la tête; les villages qui précèdent Cao-Thuong sont visités. A neuf heures quinze, le groupe aborde par le sud le mamelon de Cao-Thuong.

Ce dernier a une forme très allongée et une direction nord-ouest sud-est; c'est une sorte de croupe isolée, de 1500 mètres de longueur, et d'un relief de 60 à 80 mètres au-dessus de la rizière environnante. Sur le versant est, aux pentes rapides, couvertes de bois et de hautes herbes, s'élève en amphithéâtre, dans un fouillis de verdure, le village de Cao-Thuong.

Le commandant de Beylié contourne le mamelon par l'est, fouille la partie boisée, puis le déborde par la pointe nord.

A onze heures, il rend compte au général que le village est évacué par l'ennemi et qu'il ne contient aucun ouvrage fortifié.

En réalité, un petit groupe d'habitations placées à flanc de coteau, au nord et à une centaine de mètres de Cao-Thuong, et séparées de ce dernier par une brousse compacte, avait échappé à toutes les investigations : ce sont les ruines d'un ancien village dont les murs restés debout, hauts de 2 à 3 mètres, ont été crénelés et mis en état de défense; sans constituer ni un fortin, ni un réduit, au sens propre de ces mots, celles-ci formaient ainsi une série de positions étagées, se commandant l'une l'autre et d'une très grande force défensive.

Ces ruines, surmontées de quelques toits de cases que l'on ne pouvait apercevoir que de la plaine, ne communiquaient avec le village que par un étroit sentier, à peine tracé, et le tout se confondait si bien avec la végétation, par suite de la disposition absolument spéciale du terrain, qu'il était très difficile, même pour quelqu'un de prévenu, d'en découvrir l'entrée.

Au reçu du compte rendu du commandant du premier groupe, le général prescrit au groupe Tane d'aller prendre une formation de rassemblement sur un mouvement de terrain situé au nord et à 300 mètres environ de Cao-Thuong. En même temps, sur les indications du Quan-Huyen qui l'accompagnait et qui, en désignant du doigt les toits de case, émergeant des ruines, affirmait que là était le repaire des pirates, le général ordonnait au capitaine Daval, du groupe de Beylié, d'aller y mettre le feu.

Il est onze heures trente : le groupe Tane s'est établi sur le mamelon qui lui a été assigné, face au réduit; un repos d'une heure est donné à la troupe; les faisceaux sont formés; les sacs mis à terre; l'artillerie commence à décharger les mulets quand tout à coup une grêle de balles

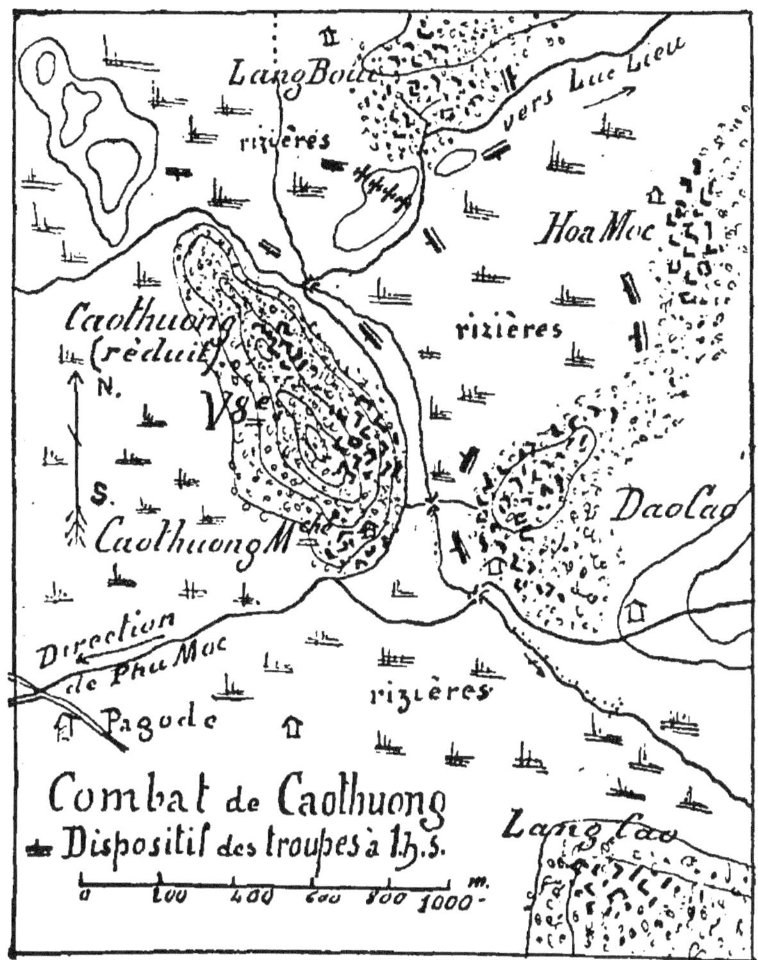

s'abat sur les hommes et sur les animaux. Un mouvement de flottement se produit, insensible; aussitôt rassurés par la présence, au milieu d'eux et au plus fort du danger, de leur général, et par le calme de leurs chefs, ces jeunes soldats, qui n'avaient jamais vu le feu, reprennent une mâle attitude. Le capitaine Jacquot fait immédiatement mettre en batterie, mouvement qui s'exécute comme sur le terrain de manœuvre : le général lui donne comme objectif les toits de cases suspects d'où partent les coups.

Au même moment, les tirailleurs du capitaine Daval qui, après s'être frayé avec peine, par le sud, un passage à travers la brousse, avaient atteint les premières cases et y avaient mis le feu, se heurtaient à une série de barricades; accueillis, à bout portant, par une vive fusillade, ils se repliaient sur la lisière du bois.

A midi, cinquante obus sont tirés sur la position. Le commandant de Beylié, qui a reçu l'ordre de conduire l'attaque du réduit avec tout son monde, fait aborder la position de front et par le côté nord, la partie sud ayant été signalée comme particulièrement difficile. Les hommes cheminent péniblement dans la brousse; quelques-uns découvrent enfin un étroit sentier qui débouche directement sur le premier mur de terre. Au signal du capitaine, la troupe d'attaque se précipite en avant, mais, seuls, ceux qui suivent le sentier, peuvent avancer de quelques pas et tombent bientôt les uns sur les autres, criblés de balles.

Le commandant de Beylié fait suspendre l'at-

taque et reforme sa colonne, dans la position
d'attente, sur la lisière des bois. La batterie a
repris son tir sur le réduit qu'elle canonne à
outrance. Le groupe Tanc appuie le tir des pièces
de ses feux de salve qui fouillent tout le massif
boisé; ces feux doivent avoir quelque efficacité,
car l'on entend, à certain moment, au milieu du
bruit formé par la fusillade et par des plaintes
de blessés, des pirates crier : « Français, cessez
le feu, vous tirez sur des femmes et sur des
enfants ».

Il est trois heures; le feu des pirates est éteint;
on reconnaît à plusieurs indices qu'ils ont évacué
en partie la position. L'artillerie envoie son
197ᵉ obus. Le combat est rompu; quelques minutes s'écoulent, et sur les ruines fumantes apparaissent deux pirates qui crient dans un porte-
voix : « Si vous avez besoin de munitions, venez
en chercher ». En même temps, ils déchargent
quelques coups de leur Winchester sur la colonne.
Des feux de salve bien ajustés ont raison de cette
dernière bravade ainsi que des quelques pirates
qui se montrent, par intervalles, sur les flancs de
la position.

Les troupes sont exténuées de fatigue; elles
n'ont pas encore mangé ; la chaleur est acca-
blante. Pour ces motifs et en présence des pertes
déjà subies, de l'énergie de la défense, de la difficulté d'aborder la position, le général décide
qu'il est inutile de tenter, avec les jeunes soldats

du groupe Tane, un nouvel effort qui peut être très meurtrier et dont le succès n'est rien moins qu'assuré. En conséquence, l'on bivouaquera en face du repaire ; l'attaque sera reprise dans la matinée du lendemain, après une nouvelle préparation par l'artillerie, si elle paraît nécessaire.

Le lendemain, le réduit de Cao-Thuong est occupé sans coup férir par l'infanterie de marine. « Il est difficile, écrit le commandant de Beylié, d'évaluer l'effectif des pirates engagés dans cette affaire ; il était certainement peu élevé et ne devait pas dépasser la centaine. La résistance, en revanche, a été particulièrement énergique ; et on ne peut s'expliquer comment ces hommes, réunis dans un espace restreint, écrasés par le feu de quatre pièces d'artillerie tirant à 300 mètres, ont pu tenir aussi longtemps ; il est juste de dire que l'un des réduits, placé légèrement en retrait, échappait complètement aux vues de l'artillerie. »

Pertes. *Groupe Beylié.* — 2 légionnaires tués, 3 blessés ; 1 tirailleur tué, 3 blessés grièvement.

Groupe Tane. — Blessés : 3 artilleurs, 1 auxiliaire d'artillerie, 1 soldat d'infanterie de marine, 1 tirailleur tonkinois, 2 mulets.

Combat de Luoc-Ha. — Dans la même journée du 6 novembre, pendant que les groupes de Beylié et Tane attaquaient Cao-Thuong, le groupe Tétart partait de Bo-Ha et s'engageait sur le chemin de Tin-Dao. Vers huit heures du matin, il franchissait le ruisseau le Ngoï-Sat, lorsque l'ennemi est signalé. (Voir Carte 3.)

Débouchant de Luoc-Ha et des bois de Hu-Thuong, celui-ci se déployait, dans la plaine, sur un front de près de 2 kilomètres, à cheval sur la route et couvrant Luoc-Ha. Les pirates offraient le combat; disposés en une vingtaine de petits groupes, ayant chacun son pavillon de ralliement, les uns à découvert, les autres abrités derrière des levées de terre ou des touffes de broussailles, ils attendaient la marche en avant de la colonne, pour manœuvrer de manière à la déborder par les ailes et à l'envelopper.

Une chaîne de crêtes, dont la hauteur varie entre 10 et 30 mètres, part du point où le chemin passe le Ngoï-Sat et, en décrivant une demi-circonférence, va rejoindre un mamelon isolé, situé à l'ouest, et à une centaine de mètres de Luoc-Ha, qu'il domine.

Le capitaine Tétart juge immédiatement du parti qu'il peut tirer de cette disposition du terrain pour s'emparer de ce village, son objectif de la journée. — Il abandonne le chemin de Tin-Dao et résout de s'avancer, de crête en crête, en prenant ainsi, de flanc ou à revers, les différentes lignes de défense de l'adversaire.

Vers dix heures, la petite colonne est établie sur trois mamelons rapprochés; l'ennemi prend l'offensive et l'attaque de tous côtés; son audace est telle, que plusieurs groupes s'élancent à l'escalade du mamelon occupé par l'arrière-garde, et obligent cette dernière à céder le terrain et à serrer sur le mamelon où le gros de la colonne est concentré. — Le combat se poursuit ainsi de crête en crête; enfin, grâce à la vigoureuse offensive de l'avant-garde, commandée par le lieutenant Brezzi, le mamelon qui domine Luoc-Ha est enlevé.

Il est trois heures du soir; la petite colonne a combattu pendant sept heures pour effectuer un parcours de 3 kilomètres. Rassemblée tout entière sur le mamelon, couvert d'épais fourrés et de grands arbres, elle procède, sans tarder, au débroussaillement de la partie supérieure et à la construction d'éléments de tranchées-abris faisant face aux points les plus dangereux. Plus de 500 pirates occupent les crêtes environnantes et vont bloquer la colonne pendant 3 jours, observant ses mouvements, l'inquiétant de temps à autre par quelques coups de feu, lui adressant des provocations et des invectives, mais ne se risquant pas à l'aborder de nouveau, en raison des pertes qu'ils viennent de subir. 4100 cartouches et 30 gargousses ont été brûlées. Les pertes ne s'élèvent qu'à 4 blessés.

L'affaire de Luoc-Ha mérite d'être citée comme un exemple de ce que peut accomplir, dans les circonstances difficiles, un chef sachant allier la prudence à la hardiesse, possédant du calme, du coup d'œil, et qui est habile manœuvrier autant que ménager du sang de ses soldats; elle fait grand honneur au capitaine Tétart, au lieutenant Brezzi, le seul officier qui l'accompagnait, et à la vaillante petite troupe. Parmi ceux qui se sont particulièrement distingués, on doit mentionner l'adjudant Lévy, du 1er étranger, dont la demi-section a déployé une bravoure peu commune; l'adjudant Anquetil, le sergent Polut et le soldat Noël, du 9e régiment d'infanterie de marine, et le sergent Selvy.

Quelques officiers ont cru voir dans la coïncidence des deux combats livrés le 6 novembre par les pirates avec des effectifs si différents, une conception stratégique qui dénoterait chez celui qui dirige les bandes du Yen-Thé une intelligence supérieure : pendant qu'un groupe de pirates déterminés tenait en échec à Cao-Thuong la colonne principale, la plus grande partie des bandes réunies tentait d'écraser, dans une vigoureuse offensive, le groupe Tétart, d'un faible effectif; cette coïncidence est peut-être toute fortuite; néanmoins, le fait certain que les pirates, grâce à leurs moyens particuliers d'information, ont le plus souvent connaissance, à l'avance, des objectifs assignés à nos colonnes, peut donner quelque créance à cette supposition.

ANNEXE II

COMPOSITION DÉTAILLÉE DES TROIS GROUPES
ET RECOMMANDATIONS PARTICULIÈRES
DU COLONEL COMMANDANT LA COLONNE

Constitution des trois groupes. — *État-major de
la colonne* : colonel Frey, commandant la 2ᵉ brigade;
capitaine Dargelos, major de brigade; lieutenant
Deleuze, officier de renseignements; lieutenant Morisson, officier d'ordonnance (a rallié la colonne au cours
des opérations); sous-lieutenant Bouverot; — commandant de l'artillerie et du génie (chef d'escadron
Régis); — chef du service de santé (médecin-major
Joly); — chef du service vétérinaire (vétérinaire en
second Leclerc).

PREMIER GROUPE. — Lieutenant-colonel Winckel-Mayer, commandant; lieutenant Brezzi, major de
groupe.

Infanterie. — 11ᵒ régiment d'infanterie de marine,
2ᵒ bataillon, 3ᵉ compagnie : 3 officiers, 100 hommes
(capitaine Robert, lieutenant Bestagne, sous-lieutenant Corre); — 9ᵒ régiment d'infanterie de marine,
compagnie Cozanet, formant une compagnie de marche

d'infanterie de marine, composée du peloton Ristori
(2ᵉ bataillon, 2ᵒ compagnie) et du peloton Truptil
(2ᵉ bataillon, 1ʳᵒ compagnie). Effectif : 3 officiers,
109 hommes (capitaine Cozanet, lieutenant Ristori,
sous-lieutenant Truptil). — 9ᵉ régiment de marine,
2ᵒ bataillon, 2ᵒ compagnie, section Vache : 1 officier,
21 hommes (lieutenant Vache). — 3ᵉ régiment de tirailleurs tonkinois, 2ᵉ bataillon, 6ᵒ compagnie, 3 officiers,
130 hommes (capitaine de Guigné, lieutenant Cibaud,
sous-lieutenant Naégel).

Artillerie. — 4ᵒ batterie (*bis*), 1 section de 80 millimètres; 1 section de mortiers de 15 centimètres :
2 officiers, 54 hommes, Européens et indigènes (capitaine Clotes, lieutenant Livrelli).

Ambulance. — Médecin de 2ᵒ classe de la marine de
Moutard.

DEUXIÈME GROUPE. — Chef de bataillon Tane, commandant; lieutenant Robert, de la légion, major de
groupe.

Infanterie. — 11ᵒ régiment d'infanterie de marine,
2ᵒ bataillon, 3ᵒ compagnie : 3 officiers, 120 hommes
(capitaine Ozenne, lieutenant Audebert, sous-lieutenant
Finet). — 1ᵉʳ régiment étranger, 2ᵒ bataillon, 1ʳᵒ compagnie : 2 officiers, 50 hommes (capitaine Plessier,
lieutenant Meyer). — 3ᵒ régiment de tirailleurs tonkinois, compagnie Daval formant une compagnie de
marche de tirailleurs tonkinois composée du peloton
Daval (2ᵒ bataillon, 7ᵒ compagnie) et du peloton Lesol
(2ᵒ bataillon, 5ᵒ compagnie) : 2 officiers, 140 hommes
(capitaine Daval, sous-lieutenant Lesol).

Artillerie. — 4ᵉ batterie (*bis*), 1 section de 80 millimètres : 1 officier, 47 hommes (lieutenant Thouard).

TROISIÈME GROUPE. — Sous les ordres directs du colonel
commandant la brigade.

Infanterie. — 9ᵉ régiment d'infanterie de marine, 2ᵒ bataillon, 3ᵉ compagnie : 2 officiers, 121 hommes (capitaine Piozin, sous-lieutenant Lapouble). — 9ᵒ régiment d'infanterie de marine, 2ᵒ bataillon, 4ᵉ compagnie : 1 officier, 100 hommes (sous-lieutenant Labaysse). — 2ᵒ régiment de tirailleurs tonkinois, compagnie Tétart, composée du peloton Tétart (2ᵉ bataillon, 7ᵉ compagnie) et du peloton Poulain (2ᵉ bataillon, 9ᵒ compagnie) : 3 officiers, 140 hommes (capitaine Tétart, lieutenant Lefort, sous-lieutenant Poulain). — 3ᵉ régiment de tirailleurs tonkinois, 11ᵒ compagnie : 1 officier, 37 hommes (sous-lieutenant Habert).

Artillerie. — 4ᵉ batterie (*bis*), 1 pièce de 80 millimètres : 1 officier, 22 hommes (lieutenant Rougy).

L'effectif total des trois groupes était ainsi de : 1 officiers, 621 soldats d'infanterie de marine, 447 tirailleurs, 83 artilleurs européens et 50 conducteurs ou servants indigènes, 5 pièces de 80 millimètres de montagne, 2 mortiers de 15 centimètres.

Le chef d'escadron d'artillerie de marine Régis, commandant de l'artillerie et du génie de la colonne, est attaché pendant les premières journées au premier groupe, qui paraît avoir à remplir dans le cours des opérations un rôle prépondérant en ce qui concerne l'emploi de l'artillerie et l'exécution des travaux d'approche.

Recommandations (*suite*) (Extrait de l'ordre général nᵒ 1). — Il importe particulièrement de se tenir à l'abri des surprises que la nature du terrain et les forces de l'ennemi favorisent; dans ce but, s'entourer de toutes les précautions. Ainsi, dans les mouvements de troupe vers l'ennemi, se cou-

vrir toujours par des éclaireurs; faire fouiller par
des patrouilles et à distance les abords des villages, les bois, en avant et sur les flancs de la
troupe. Dans l'occupation des positions sous bois,
dégager immédiatement les abords dans les directions possibles d'attaque, accumuler les obstacles
sur les flancs pour ne pas être tournés; pendant
ces opérations, se garder avec soin. Mêmes dispositions dans les cantonnements et bivouacs.

En cas d'alerte, prendre les armes en silence,
prêter la plus grande attention aux ordres des
chefs.

Dans l'exécution des feux, montrer le plus
grand calme; ne faire usage d'ordinaire que des
feux de salve ou de feux ajustés; restreindre au
strict nécessaire l'emploi des feux rapides en les
limitant à une série de dix cartouches ou à l'épui-
sement du magasin.

Dans la défensive, profiter des couverts du terrain; pousser l'ennemi à faire un usage précipité
de ses feux; cesser immédiatement le tir à l'ordre
donné; avoir toujours présent à l'esprit l'emplacement des troupes voisines afin de ne pas diriger
de feux sur elles.

Toutes les fois qu'une fraction de troupes se
trouvera en présence de pirates même isolés,
faire exécuter sur eux des tirs ajustés par des
tireurs de sang-froid; il importe de convaincre
l'ennemi de l'efficacité de nos armes et de l'habileté de nos tireurs : l'emploi des fusils Lebel

rendra dans ces circonstances de précieux services.

Afin d'éviter les méprises, avec chaque patrouille ou reconnaissance, devra toujours marcher un Européen et autant que possible un clairon.

Les chefs de détachements ne perdront pas de vue que l'hygiène de leur troupe les concerne particulièrement : veiller à ce que les hommes se couvrent la nuit ; épargner aux Européens les marches au soleil qui ne sont pas d'une nécessité absolue ; s'assurer que chaque fraction se repose à son tour.

En règle générale, il y aura lieu de faire part à la troupe du but de chaque opération afin d'éveiller son intérêt, et de concentrer les efforts de chacun vers le but à atteindre.

Enfin, se souvenir toujours que le succès appartient aux troupes disciplinées, confiantes dans leurs chefs, et sachant garder leur sang-froid en toute circonstance.

ANNEXE III

Journée du 3 janvier. — L'ordre général n° 3 prescrit que, dans la journée du 3 janvier, les deux premiers groupes doivent s'installer à Lang-Mac et à Hu-Thuong sud ; se relier dès l'occupation des villages ; assurer leurs communications et reconnaître le terrain en vue de l'exécution des premiers travaux de cheminement.

Une partie des troupes de la réserve générale doit opérer une diversion sur les lignes de retraite de l'ennemi, du côté de Lang-Nua, en vue de favoriser l'installation de ces groupes.

Exécution. — A quatre heures trente du matin, les deux groupes quittent leurs cantonnements de Luoc-Ha et de Lang-Sao.

Vers sept heures du matin, les deux groupes atteignent, le premier Lang-Mac, le second Hu-Thuong sud. Ces deux villages sont occupés sans difficulté, les pirates les ayant abandonnés à l'approche de la colonne. (Voir Carte 4.)

Chaque groupe envoie aussitôt des patrouilles chargées d'opérer la liaison avec le groupe voisin.

Premier groupe. — Le commandant du premier groupe, accompagné du commandant de l'artillerie et du génie, se porte en avant dans la direction du nord-ouest; à 600 mètres de Lang-Mac, il reconnaît les patrouilles du deuxième groupe.

Des observations lui permettent de s'assurer que la distance entre les deux villages, estimée, d'après tous les renseignements obtenus, de 2 000 à 2 500 mètres, est au maximum de un kilomètre.

Le commandant du premier groupe jugeant, à la suite de cette reconnaissance, que le village de Lang-Mac constitue par lui-même un appui solide déjà protégé sur son front nord-ouest par la deuxième colonne, se borne à en faire débroussailler et garder les abords, par deux postes : le premier placé sur un mamelon à l'est du village (croupe C) et surveillant, à la fois, la direction de Hu-Thué et la vallée donnant accès de Luoc-Ha à Lang-Mac; le second au nord de Lang-Mac, sur le chemin reliant ce village à celui de Hu-Thuong.

Dans l'après-midi, le commandant du premier groupe et le commandant de l'artillerie exécutent, dans le nord, une deuxième reconnaissance en vue de déterminer le point initial des cheminements.

D'après les recommandations du commandant
de la brigade, ce point devait être choisi le plus
près possible des positions ennemies, dans le but
de réduire au strict minimum la longueur des
cheminements. La reconnaissance contourne par
l'ouest le massif boisé au nord de Lang-Mac. Au
moment où elle atteint le sommet M, sa présence
est signalée par des appels de trompe chinoise
laissant à supposer que les positions ennemies ne
sont pas éloignées.

L'occupation du mamelon M, en vue de son utilisation comme origine des cheminements, constituerait un grand pas en avant. Toutefois, il est
reconnu qu'il serait imprudent de s'y établir avant
de s'être rendu maître des crêtes intermédiaires;
d'autre part, les détachements appelés à effectuer
journellement le trajet des reconnaissances
seraient exposés aux embuscades de l'ennemi
occupant les crêtes voisines. Le commandant du
premier groupe décide, en conséquence, que si
une nouvelle reconnaissance, qui sera exécutée
le lendemain matin, ne permet pas de découvrir
entre le village et le mamelon M une communication facile et sûre, il y aura lieu d'adopter pour
origine des cheminements, le mamelon le plus
voisin de Lang-Mac, pour gagner de là le mamelon M par la ligne de crête.

Deuxième groupe. — De son côté, le commandant du deuxième groupe s'établit solidement
dans Hu-Thuong sud. Il organise ensuite défensi-

vement un mamelon situé à 150 mètres à l'est de
ce point et au pied duquel passe le chemin reliant
Lang-Mac à Hu-Thuong. Un poste établi sur le
mamelon assure, concurremment avec le poste
établi au nord de Lang-Mac, les relations des
deux cantonnements.

Pendant l'exécution de ces dispositions, des
groupes de plusieurs centaines de pirates sont
restés en observation sur la lisière des bois, au
nord et au nord-est de Hu-Thuong sans engager
le feu : dans l'indécision des intentions de la
colonne, ils sont prêts à défendre l'entrée de ces
bois au cas où, comme ils le supposent, la colonne
poursuivrait sa marche sur les ouvrages de Hu-Thué
par le chemin suivi par les précédentes colonnes.

Toute la journée, des sons de trompe et des
batteries de tam-tam se firent entendre dans différentes directions, principalement vers Dinh-
Tep. Ces signaux, répétés de village en village,
avaient pour but de battre le rappel des partis
envoyés en incursion sur divers points et en même
temps d'informer au loin les bandes amies d'ac-
courir au secours des pirates de Hu-Thué, dont
l'attaque leur paraissait imminente.

Réserve générale. — Suivant les prescriptions
du commandant de la brigade, une colonne
volante constituée de fractions de la réserve générale et renforcée d'une pièce de 80 millimètres,
sous le commandement du capitaine Ronget,
quitte Luoc-Ha, à sept heures et demie du matin

par le chemin de Lang-Mac, se relie avec le premier groupe, à son passage à hauteur du village, puis se dirige sur Lang-Van par le sentier direct de Lang-Mac à ce village. (Voir Carte 3.)

En exécution des ordres reçus, le commandant de la reconnaissance se borne à fouiller et à envoyer quelques obus dans la direction de Lang-Nua où se trouve, dit-on, un fortin occupé par une cinquantaine de Chinois.

Il prend ensuite la route de Bo-Ha, où il doit cantonner la nuit suivante. Cette démonstration, qui doit être renouvelée le lendemain, a pour objet d'attirer sur ces points l'attention d'une partie des bandes de Hu-Thué et de faciliter ainsi l'établissement, à Lang-Mac et à Hu-Thuong, des deux premiers groupes.

Dans la matinée du même jour, vers huit heures et demie, une reconnaissance commandée par le capitaine Tétart est chargée de reconnaître et de détruire des retranchements pirates signalés sur le flanc est de la gorge dans laquelle s'engage le chemin de Luoc-Ha à Lang-Mac.

Ce résultat atteint, la reconnaissance qui s'est mise au préalable en relation avec le premier groupe, rallie Luoc-Ha à midi, après avoir également ment détruit, au retour, quelques anciens retranchements peu importants, établis en face des premiers sur le flanc opposé de la gorge.

Les objectifs fixés pour la journée du 3 sont atteints.

Journée du 4 janvier. — L'objectif général des deux premiers groupes, à partir du 4 janvier, est : l'établissement à 600 mètres en avant de la base d'opérations d'une première parallèle qui doit avoir pour points d'appui les mamelons A, B et M.

Deuxième groupe. — A cet effet, le deuxième groupe doit occuper et organiser défensivement les mamelons A et B et se garder vers Hu-Thuong nord contre une attaque possible venant de l'ouest, de forts rassemblements de pirates étant signalés dans cette direction et vers Dinh-Tep. Sous la protection du deuxième groupe, le premier doit couronner de même le mamelon M.

Une ligne d'abris successifs doit relier entre eux ces différents points d'appui et assurer les communications des deux groupes en arrière de cette nouvelle base d'opérations.

Dès six heures du matin, le deuxième groupe entreprend les travaux suivants sous la protection de ses patrouilles.

1° Exécution, dans les pentes sud-ouest des mamelons A et B, de coulées permettant d'en atteindre le sommet.

2° Aménagement, en vue de leur occupation, des sommets de ces deux mamelons qui reçoivent dès lors les dénominations de mamelon Plessier et mamelon Ozenne, du nom des commandants des unités chargées de les organiser.

3° Exécution par le capitaine Daval d'une première tranchée couvrant le front nord de Hu-Thuong et d'une deuxième tranchée permettant l'accès du mamelon Ozenne.

4° Établissement par le lieutenant Thouard, à la croisée des chemins à 50 mètres au nord-est de Hu-Thuong, d'une barbette pour une pièce de 80 millimètres devant enfiler la coulée entre les mamelons Plessier et Ozenne et la trouée s'ouvrant dans la direction nord.

A onze heures du matin, des partis ennemis, embusqués dans les bois, tiraillent contre les travailleurs des mamelons Ozenne et Plessier.

Les avant-postes des deux mamelons ripostent par des feux de salve. Quelques obus sont également tirés par les pièces de Hu-Thuong ; puis deux patrouilles envoyées à la découverte signalent que ces groupes se sont retirés dans l'épaisseur des bois.

Dans l'après-midi, les travaux entrepris sont terminés et le mamelon Ozenne sera la nuit suivante occupé par une grand'garde.

Une pièce de 80 millimètres, protégée par un petit poste, est établie sur la barbette aménagée pour elle. Vers huit heures du soir, une nouvelle attaque est dirigée contre le mamelon Ozenne ; une centaine de coups de feu sont tirés par les pirates, sans résultat. De notre côté personne ne répond, l'ordre ayant été donné de ne tirer, la nuit, qu'en cas d'absolue nécessité.

Premier groupe. — Au premier groupe, une

nouvelle reconnaissance est dirigée, dès le matin, sur le point M, par le versant est du massif au nord de Lang-Mac. Les difficultés de communication rencontrées par cette reconnaissance établissent définitivement que l'utilisation du mamelon M, comme point initial de cheminement, ne peut avoir pour résultat qu'une perte de temps considérable.

En conséquence, le commandant du premier groupe décide, après entente avec le commandant de l'artillerie, de faire commencer la percée au point de la crête le plus rapproché du village.

Les travaux sont immédiatement entrepris sous la direction du commandant Régis et continuent toute la journée.

A cinq heures trente du soir, à la cessation du travail, la forêt est abattue sur une longueur de 300 mètres dans la direction du nord et sur une largeur de 40 mètres. Un petit redan, construit dans la percée, bat le débouché du chemin de Hu-Thuong à Lang-Mac.

Sur tout cet espace, la crête descendante n'offre aucun point propice à l'installation d'un mirador.

Une tentative d'incendie de la forêt au moyen du pétrole ne produit qu'une action toute locale tellement la végétation y est vivace et l'humidité excessive; le feu consume les herbes et les fougères sèches, mais laisse intacts les arbustes verts et les arbres; l'emploi du pétrole sera désormais réservé pour l'incendie des broussailles et des obstacles dans le voisinage même des ouvrages ennemis.

Visite des travaux. — A trois heures, le commandant de la brigade, accompagné de son état-major, se rend successivement à Lang-Mac et à Hu-Thuong pour inspecter les positions. Il recommande au directeur des travaux de réduire à quelques mètres seulement (cinq à six mètres) la largeur des coulées du premier groupe; il fait observer au commandant du deuxième groupe, qu'il importe de ne pas accorder une importance hors de propos, à l'organisation défensive de Hu-Thuong sud, et des autres points d'appui; en principe, il faut restreindre les travaux de terrassement; se servir principalement d'abris construits au moyen de fascines; enfin prendre pied le plus tôt possible sur les lisières de bois et sur les crêtes en avant des points occupés, dans le but de gagner rapidement du terrain, vers les positions de l'ennemi, avant que celui-ci ait pu construire de nouveaux ouvrages pour en disputer les approches. Le village de Hu-Thuong nord devra être occupé dès le lendemain.

Réserve générale. — Contrairement aux premiers ordres reçus, le capitaine Ronget, qui devait le même jour rallier Luoc-Ha, en opérant une deuxième démonstration contre Lang-Nua, est maintenu à Bo-Ha, en vue d'une mission secrète à remplir de très bonne heure dans la matinée du 5 janvier.

Journée du 5 janvier. — Dans la journée du 5, les deux premiers groupes doivent poursuivre les opérations entreprises la veille et, s'il est possible, constituer définitivement la parallèle s'appuyant à Hu-Thuong nord et au mamelon M, avec les mamelons Plessier et Ozenne comme points d'appui (ordre général n° 4).

Deuxième groupe. — Le deuxième groupe poursuit la construction de tranchées, l'organisation défensive des mamelons Plessier et Ozenne; un observatoire mirador, élevé de 25 mètres, est établi sur le mamelon Plessier, mais à cette hauteur même, les vues en avant sont encore masquées par les arbres des mamelons voisins; des travaux supplémentaires vont surélever de quelques mètres la plate-forme de ce mirador.

M. l'aide-vétérinaire Leclerc, toujours prêt à se rendre utile, est chargé de ce travail et de l'établissement de tous les miradors du deuxième groupe.

Dans l'après-midi du même jour, deux reconnaissances fouillent le bois aux environs de Hu-Thuong nord.

L'occupation de ce village qui n'a pu avoir lieu jusqu'alors, en raison des points nombreux tenus déjà par ce groupe, doit être effectuée dès le lendemain matin; dans ce but, le commandant de la brigade renforce le deuxième groupe de cinquante hommes d'infanterie de marine sous les ordres du sous-lieutenant Labaysse, prélevés sur la réserve générale. Vers cinq heures du soir, les sentinelles avancées des mamelons Plessier et Ozenne signalent la présence des pirates dans les bois du mamelon O. Le commandant du deuxième groupe fait pointer la pièce de la barbette sur la lisière de ces bois.

A six heures du soir, les pirates tirent sur nos grand'gardes; la pièce envoie dans le bois en avant quelques obus qui mettent fin pour la nuit aux coups de feu des pirates.

Premier groupe. — Au premier groupe, la percée, commencée le 4, est continuée pendant toute la journée. A cinq heures du soir, à la cessation du travail, la tête de la percée est à 700 mètres de l'origine et couronne le mamelon M, point d'appui de droite de la deuxième parallèle. L'espace débroussaillé dans la journée du 5 traversant un mamelon couronné d'arbres assez élevés, les premiers travaux de construction d'un mirador sont entrepris.

Dans l'après-midi, les patrouilles découvrent dans une dépression du terrain un petit poste pirate évacué depuis quelques instants à peine, à en juger par quelques animaux domestiques qui ne l'ont pas encore abandonné.

L'existence de ce poste permettant d'en supposer d'autres d'où l'ennemi peut inquiéter nos travailleurs et s'opposer même à la reprise des travaux, le commandant du premier groupe, conformément aux instructions du commandant de la brigade, décide d'organiser sommairement le mamelon M. A cet effet, le directeur des travaux fait exécuter en ce point, au moyen de fascines, une demi-redoute à profil de tranchée-abri pour tireurs à genou. Elle doit être occupée la nuit suivante par une grand'garde, pendant que quelques hommes déterminés, embusqués à proximité du petit poste, auront pour mission de s'emparer des pirates qui ne manqueront pas de revenir pour tenter d'enlever les approvisionnements de paddy, les volailles et les quelques porcs qui ont échappé à la chasse que leur ont faite nos tirailleurs et que l'on voit de temps à autre rôder aux alentours.

Pendant l'exécution de ces travaux, dans la percée principale, un atelier annexe, dirigé par le lieutenant Livrelli, organise, sur les pentes nord de la croupe D, la ligne de défense à intervalles, formée de tronçons de tranchées-abris, qui doit relier le mamelon Plessier au mamelon M, et assurer la communication entre ces deux points.

Réserve générale. — Le même jour, la colonne volante du capitaine Ronget, comprenant 70 Européens, 70 tirailleurs et une pièce de 80 millimètres, est chargée de l'exécution d'une opération de la plus grande importance et pour laquelle il est fait appel au dévouement et à l'énergie

de tous ceux qui doivent y participer. Il s'agit
de l'enlèvement de nuit, par surprise, d'un campement de Dé-Nam, situé à quatre heures de
marche de Bo-Ha, où la colonne Ronget a été
concentrée, et à 4 kilomètres environ au nord-est
du fortin de Hu-Thué. On peut accéder jusqu'à
quelques centaines de mètres du campement,
par une route assez bonne partant de Bo-Ha.

D'après les renseignements obtenus, ce campement est en voie de construction; protégé par un
mur et par une palissade du côté ouest, il n'est
défendu du côté de Bo-Ha que par une ligne
d'abatis; ce campement abrite la famille de Dé-
Nam et une partie de ses prises; en outre Dé-
Nam et sa bande qui fument l'opium se gardent
d'une façon irrégulière pendant la nuit.

La chute inattendue de ce point entre nos
mains doit avoir un grand retentissement parmi
les bandes, et peut être suivie d'une solution favorable, immédiate, des opérations en cours.

En vue d'assurer la réussite de cette opération,
le commandant de la brigade a adressé au capitaine Ronget les instructions les plus détaillées
sur la ligne de conduite à suivre, aussi bien pour
la préparation que pour l'exécution de sa mission. Le plus grand secret est recommandé; la
présence des troupes à Bo-Ha doit être expliquée
par l'envoi prochain à Luoc-Ha d'un convoi très
important d'argent et de munitions. Des échelles,
des fusées incendiaires doivent être confection-

nées à l'avance. Des signaux de fusées sont convenus pour mettre le commandant de la brigade au courant de tous les cas pouvant se produire dans le cours et à la suite de l'attaque.

Enfin, une des grandes chances de succès réside dans la mise à la disposition du capitaine Ronget de deux prisonniers capturés par le commandant du deuxième groupe, et qui sont des pirates de Dé-Nam connaissant parfaitement les routes d'accès à son campement.

Malheureusement le succès de l'opération est compromis par suite d'un manque de surveillance de gradés indigènes à l'égard de ces prisonniers, qui parvenaient à s'évader de Bo-Ha dans la nuit du 4 au 5.

Exécution de l'opération. — Le 5 janvier, à minuit et demi, la colonne Ronget conduite par des guides qui déclarent bien connaître la contrée, mais ne sont mis au courant de la route à suivre qu'au moment du départ, quitte Bo-Ha et arrive à Lang-Ngao, à cinq heures du matin. De là elle s'engage sur une petite piste qui la conduit au Song-Soï, dont elle suit le cours jusqu'à la lisière d'une forêt située à 1500 mètres de Lang-Ngao. (Voir Carte 3.)

A ce moment, les guides tremblant de peur déclarent qu'on n'est pas à plus de un kilomètre du campement, mais qu'ils n'en connaissent pas l'emplacement exact.

Le commandant de la colonne, laissant la pièce d'artillerie dans la rizière, sous la protection d'une escorte, fait frayer par les indigènes un chemin sous bois, avec ramification dans différentes directions, dès qu'il croit être à proximité du campement; ce travail s'effectue avec les plus grandes précautions et avec le moins de bruit possible pour ne pas donner l'éveil à l'ennemi; mais les recherches n'aboutissent à aucun résultat : quelques indigènes ont cependant affirmé, après le retour de la reconnaissance, qu'ils avaient entendu dans l'épaisseur des bois, des chants de coq et de vagues rumeurs attestant la présence d'une grande agglomération de monde.

Ainsi que des renseignements ultérieurs l'ont fait connaître, un campement contenant quatre à cinq cents hommes, femmes ou enfants, et du nombreux bétail, était établi sur le Song-Soï, non loin du point terminus atteint par la colonne volante; à la suite de l'opération du 5 janvier, ce campement a été abandonné par Dé-Nam et reporté dans le nord; il a été reconnu et incendié le 21 janvier par une reconnaissance partie de Bo-Ha.

Il est huit heures, une surprise n'étant plus possible, le commandant de la colonne donne l'ordre de rétrograder sur Lang-Ngao.

Afin de s'éclairer sur la nature des environs de l'emplacement probable du campement, le capitaine Ronget engage sa troupe sur une nouvelle piste qui le conduit de nouveau au Song-Soï et de là vers Dinh-Ka dans la direction de Dinh-Tep, sans qu'il puisse se procurer d'indication plus précise sur l'objet de ses recherches. La colonne volante rétrograde de nouveau sur Lang-Ngao, où elle arrive à une heure trente. A cinq heures, elle rallie la réserve générale à Luoc-Ha après avoir mis en fuite quelques pirates chinois aperçus dans les parages de Lang-Ngao.

Aucun des signaux convenus n'ayant été fait par la colonne volante, aucun renseignement n'étant parvenu dans la matinée au commandant de la brigade, un détachement sous les ordres du capitaine Tétart avait été chargé d'aller se mettre en relation avec cette colonne et, au besoin, de la renforcer.

Ce détachement quitte Luoc-Ha à dix heures du matin, se porte à Lang-Van où il stationne de onze heures à deux heures ; puis, n'ayant recueilli aucune nouvelle de la colonne volante, il pousse dans la direction de Lang-Nua en chassant devant lui un fort groupe de pirates qui observent ses mouvements.

A deux heures, un deuxième détachement sous les ordres du lieutenant Lefort est dirigé de Luoc-Ha sur Lang-Van pour assurer les derrières du détachement Tétart ; il est rejoint à quatre heures par ce dernier, qui est toujours sans nouvelles de la colonne volante.

Les deux détachements rallient alors au quartier général où ils ne précèdent que de quelques instants la colonne Ronget, qui est rentrée par le chemin de Bo-Ha.

Journée du 6 janvier. — L'ordre général n° 5 fixe les mouvements qui doivent être exécutés dans la journée du 6 janvier (Carte 4) :

1° Poursuite, par les deux groupes, des travaux de cheminements, conformément au plan général qui a été tracé;

2° Envoi, par chacun des groupes, de deux reconnaissances offensives avec mission de déterminer le nombre et l'emplacement des points occupés par l'ennemi, de Cho-Go au ponceau;

3° Attaque du fortin chinois de Lang-Nua par une fraction de la réserve générale.

Premier groupe. — En exécution des prescriptions de cet ordre, le premier groupe poursuit ses travaux d'approche.

Le soir à la cessation du travail la tête de la percée est à 1 000 mètres environ au nord de Lang-Mac, sur le sommet du mamelon N. Ce mamelon, d'un relief relativement assez grand, renferme quelques arbres très élevés; les travaux de construction d'un mirador y sont commencés. Des échelles de bambou doivent permettre d'atteindre le sommet d'un des arbres les plus élevés, qui sera organisé en plate-forme, avec parapet en fascines pour la protection des observateurs.

Pendant ce temps, l'atelier annexe de gauche

exécute un petit redan qui bat la trouée entre le mamelon Plessier et le massif dans lequel s'effectue la coulée du premier groupe.

Dans l'après-midi, les patrouilles de sûreté de la coulée principale entendent travailler dans le bois en avant. On en conclut que la percée approche des positions pirates et que l'ennemi prend ses dispositions pour entraver la poursuite des travaux. Aussi, comme la veille, une grand'garde solide occupera la nuit suivante le point terminus de la journée. Ces précautions ne sont point inutiles, car, à plusieurs reprises, pendant la nuit, de fortes patrouilles de pirates circulent sous bois, en avant et sur les flancs des cheminements, pour reconnaître l'état des travaux.

Deuxième groupe. — Au deuxième groupe, le mirador du mamelon Plessier est surélevé, et un officier distingue par 35° est, à une distance de 600 mètres, des constructions qui lui semblent appartenir au fortin attaqué le 11. La pièce du deuxième groupe stationnée à Hu-Thuong est amenée sur le mamelon Plessier et établie de manière à canonner l'emplacement reconnu, en tirant avec des charges réduites.

Pour ménager à cette pièce un champ de tir en avant de son emplacement, le colonel fait procéder, en sa présence, à l'abatage des arbres, par l'emploi de cartouches de dynamite : l'essence du plus grand nombre de ces derniers est telle que l'explosion d'une charge de dix cartouches, formant chapelet autour d'un tronc d'environ trente centimètres de diamètre, ne produit qu'un faible arrachement de l'écorce.

Sur le mamelon sont exécutées deux coulées permettant d'atteindre vers le nord et vers l'est le pied du mamelon; la sortie de la coulée nord est organisée en barbette pour permettre à une pièce d'enfiler une trouée que présente la forêt en avant, dans la direction de Hu-Thué. A droite et à gauche, sur la lisière, deux petites tranchées permettent d'abriter les soutiens de cette pièce.

Au mamelon Ozenne, l'organisation défensive est terminée. Elle comprend deux demi-redoutes, dont l'une croise ses feux dans la direction de Hu-Thué avec ceux des tranchées de soutien de la barbette du mamelon Plessier; la deuxième enfile toute la trouée du côté de Cho-Go, et assure ainsi la protection du flanc gauche de la troupe chargée de l'exécution des cheminements à travers les bois du mamelon O sur lequel sera établie la place d'armes avancée du 2ᵉ groupe.

D'autre part, un certain nombre de reconnaissances prescrites pour la journée et qui ont pour objet de repérer les positions occupées par les pirates, sont exécutées dans les conditions ci-après :

1° **Réserve générale.** — La reconnaissance de la réserve générale qui doit opérer au delà du ponceau, sous le commandement du capitaine Tétart, comprend un peloton d'infanterie de marine, un peloton de tirailleurs et une pièce de 80 millimètres. Elle quitte Luoc-Ha à sept heures du matin et va d'abord reconnaître le village de Lan-Van dont les habitants s'enfuient à son approche. Elle constate que le village renferme des approvisionnements considérables de riz et est solidement organisé par l'ennemi en vue de la défense. Elle se porte ensuite contre Lang-Nua par un chemin semé de fondrières, qui est praticable avec de grandes difficultés par les mulets à cette saison de l'année et qui deviendrait impraticable aux premières pluies. Les patrouilles signalent que Lang-Nua, où se trouve un ancien fortin du chef pirate Dé-Nam, est fortement occupé. La reconnaissance canonne le village et, après un vif engagement avec les bandes qui y sont retranchées, y pénètre et l'incendie en se servant de pétrole. Le fortin chinois de Lang-Nua était formé par un groupe de cases organisé en réduit et dont le mur extérieur, haut de 2 mètres environ, était percé de deux lignes de créneaux : l'ouvrage offrant un but très visible aux feux de l'artillerie était intenable pour ses défenseurs.

Un groupe de pagodes organisé défensivement au nord-ouest du village et sur lequel les pirates se sont repliés est également attaqué et pris. La reconnaissance relie Luoc-Ha, rapportant le renseignement certain que de nombreux groupes pirates, chinois et annamites, sont établis dans la forêt au nord de la ligne Hu-Thué — Lang-Nua.

2° Reconnaissance du 1ᵉʳ groupe. — A onze heures du matin, une reconnaissance chargée d'appuyer la colonne Tétart et de la relier, pendant son opération, au premier groupe, quitte Lang-Mac sous les ordres du capitaine Robert; elle va s'établir au ponceau et se relie avec la colonne Tétart.

Des patrouilles envoyées pour explorer le terrain en avant, vers le nord et vers l'ouest, constatent d'importants mouvements de pirates dans ces deux directions, sur la lisière des bois et dans l'intérieur de ces bois. La reconnaissance rallie Lang-Mac, après le passage au ponceau du détachement Tétart dont elle doit couvrir le mouvement rétrograde.

Une deuxième reconnaissance envoyée du premier groupe dans la direction du nord, sous le commandement du capitaine de Guigné, parvient après un cheminement très pénible à travers la forêt, jusqu'à une faible distance d'un groupe de cases fortifiées, que gardent des pirates placés en faction tout autour; ces derniers, à la vue des éclaireurs, préparent leurs armes, prêts à faire feu et observent, sans tirer, les mouvements de la reconnaissance, faisant ainsi preuve d'une réelle discipline qui dénote des hommes aguerris. La reconnaissance se replie, son but ayant été atteint; le terrain qu'elle a parcouru est si difficile qu'il est impossible au capitaine de Guigné et à l'officier chargé du levé, qui l'accompagne, de rapporter des indications précises sur l'emplacement de la position reconnue par rapport aux points que nous occupons. Il estime, toutefois, que cette position ne doit pas être distante de plus de 300 mètres de la tête de la percée et se trouve sensiblement sur son prolongement.

3° **Reconnaissance du 2ᵉ groupe.** — Au deuxième groupe, une reconnaissance commandée par le capitaine Daval fouille le bois du mamelon P, sans rencontrer d'obstacle.

Elle dirige ensuite ses patrouilles vers les retranchements pirates signalés au nord-est de ce bois et dans la direction de Cho-Go. — Une deuxième reconnaissance, sous le commandement du lieutenant Audebert, s'engage sur les pentes boisées ouest du mamelon O, qu'elle contourne. Des patrouilles sont envoyées en avant ; et l'une d'elles aperçoit et atteint un indigène sans armes qui déclare être un des coolies du fort de Hu-Thué.

Les patrouilles rallient le gros de la reconnaissance après avoir entendu à peu de distance de nombreux bruits de voix, des appels de chefs qui rassemblent leurs hommes, mais sans avoir pu découvrir d'ouvrages par suite de l'épaisseur du fourré.

Pendant l'exécution de ces reconnaissances, le commandant de la brigade s'est tenu à Lang-Mac où les rapports lui ont été transmis. Il se porte ensuite, accompagné du commandant de l'artillerie, au deuxième groupe, où le prisonnier, interrogé, fournit sur la position ennemie des renseignements détaillés, reconnus plus tard assez précis et qui tendent à établir que le principal repaire des pirates a une grande valeur défensive ; que de jour et de nuit de nombreux travailleurs sont encore employés à la construction de petits ouvrages annexes et de défenses accessoires, dans le nord-ouest, face aux emplacements occupés par les précédentes colonnes, et dans le sud ; que le nombre de défenseurs de tous ces ouvrages, leur armement, leurs dispositions sont tels que de grands efforts et peut-être de grands sacrifices seront nécessaires à la colonne pour s'en rendre maître.

A quatre heures, vingt obus sont tirés dans la direction relevée de Hu-Thué, par la pièce du mamelon Plessier.

Des renseignements établissant que le mamelon P peut donner de bonnes vues sur les positions ennemies, le commandant de la brigade décide que l'occupation de ce mamelon qui commande d'ailleurs un nœud de chemins importants, aura lieu dès le lendemain.

Le capitaine Daval est chargé de l'organiser défensivement.

Journée du 7 janvier. — Dans la journée du 7 janvier, le premier groupe doit continuer ses travaux de cheminement et commencer l'établissement d'une place d'armes avancée sur le mamelon N. Le deuxième doit également poursuivre ses cheminements, mais en gagnant le plus possible vers le nord-est, de manière à réduire la zone d'investissement et à obtenir une plus grande concentration d'efforts.

Premier groupe. — En conséquence, le premier groupe continue sa percée, la pousse en descendant une pente très raide à 200 mètres en avant du point terminus du 6, l'interrompt sur un parcours de 40 mètres effectué dans une ancienne rizière et la reprend pour gravir, pendant une soixantaine de mètres, la pente sud d'un nouveau mamelon très boisé.

La rizière constituant un couloir pouvant être enfilé à ses deux extrémités par des feux partant de mamelons peu éloignés, une tranchée double est construite en vue d'en permettre le franchissement, en toute sécurité, aux groupes ayant à circuler entre les deux mamelons.

L'une des patrouilles de protection découvre sur le flanc droit de la percée, à une centaine de mètres, un groupe de cases qu'elle incendie.

L'organisation défensive du mamelon N est également entamée et un très grand nombre de fascines est concentré à ce point pour l'établissement rapide d'une place d'armes. Toutefois, l'ouvrage ne peut être terminé le même jour, l'état de fatigue des hommes signalé par tous les commandants d'unités nécessitant une demi-journée de repos. Une grand'garde commandée par le capitaine Robert occupe le mamelon N jusqu'au lendemain.

Deuxième groupe. — Au deuxième groupe, la pièce du mamelon Plessier, disposée pour tirer la nuit, à la distance de 600 mètres, dans la direction de Hu-Thué, ouvre de nouveau le feu, dès trois heures du matin, avec des charges de poudre réduites, sur la position ennemie, pour chercher à y jeter le désordre et à inquiéter l'ennemi dans ses travaux ; elle tire vingt obus.

Une coulée est commencée, sur le versant sud-est du mamelon O (mamelon Meyer) ; le mamelon P (mamelon Daval) est couronné par un épaulement en fascines, dont les faces battent la trouée de Cho-Go, la redoute Blaise et les lignes de retraite ennemies. Une barbette est aménagée dans le saillant de la redoute pour une pièce de 80 millimètres, qui battra les mêmes directions. Enfin un mirador très élevé y est établi.

Réserve générale. — Dans l'après-midi, un détachement d'une cinquantaine d'hommes avec deux pièces, constitué de fractions de la réserve générale, escorte le commandant de la brigade qui va reconnaître le terrain au nord-est du ponceau en vue d'étudier les conditions de l'action d'artillerie qui pourrait être entreprise, de ce côté, combinée avec les deux attaques de front. Dès son arrivée au ponceau, la reconnaissance

est signalée par quelques coups de feu; une centaine de pirates sont en position dans la rizière, à
300 mètres environ, au milieu de hautes herbes;
en arrière, la lisière des bois est occupée par
d'autres groupes. Ce déploiement de forces est
provoqué par les mouvements effectués par une
forte patrouille qui a précédé d'une demi-heure
la reconnaissance, et que l'ennemi a prise pour
l'avant-garde d'une colonne chargée d'exécuter
quelque attaque par le ponceau. Le faible effectif
de la reconnaissance ne permet pas d'engager le
combat dans des conditions favorables, d'autant
plus que ses derrières ne sont pas assurés : par
suite d'un malentendu, en effet, le ponceau qui
pendant cette opération devait être gardé par
cinquante hommes du premier groupe, n'est pas
occupé.

La fraction Lefort est disposée en flanc-garde
sur la gauche; sous sa protection, la reconnaissance des positions est effectuée; puis le commandant de la brigade rallie Luoc-Ha par Lang-
Van, en faisant incendier au passage ce village
essentiellement pirate, dont les approvisionnements ne peuvent être consommés par la colonne.
Le même jour, l'on profite de la suspension des
travaux pour faire concentrer à Luoc-Ha tous les
coolies de la colonne, en vue d'un recensement
général et d'un grand convoi de ravitaillement à
faire prendre à Bo-Ha.

Journée du 8 janvier. — Dans la journée du 8, les deux groupes doivent poursuivre leurs travaux, organiser sur l'emplacement le plus favorable à proximité de leur tête de cheminement, des points d'appui solides; se renseigner, au moyen d'observations faites des miradors, sur l'emplacement exact des différents ouvrages ennemis qui doivent être soigneusement relevés. Des observations analogues seront faites au ponceau, où un mirador sera construit par une reconnaissance spéciale (ordre général n° 7).

En exécution de ces prescriptions, les deux groupes envoient de bonne heure le matin, vers les positions ennemies, des patrouilles de reconnaissance chargées de dépasser les têtes de cheminement de la veille.

Premier groupe. — Le service de sûreté du premier groupe est à peine arrivé au point terminus de la veille qu'une vive fusillade éclate sur son front et sur son flanc droit et l'oblige à se replier. D'autres projectiles viennent se ficher sur les pentes nord du mamelon de la place d'armes. La proximité des ouvrages de l'ennemi ou tout au moins d'avant-postes fortifiés étant établie, il devient nécessaire de ne plus avancer qu'avec prudence, en substituant au besoin aux simples cheminements des travaux de sape élémentaires et en bombardant, au préalable, les ouvrages pour en provoquer l'évacuation et en commencer la destruction.

La construction de la place d'armes est en conséquence poussée activement et terminée le soir. Un emplacement est aménagé en avant pour la section de mortiers et une pièce de 80 millimètres du groupe, qui y sont amenés le jour même.

Un petit retranchement en fascines, blindé au moyen de pare-balles de canonnières, protège les servants des pièces. Une disposition analogue est adoptée pour le mirador.

La tranchée de la rizière est approfondie de manière à défiler un homme debout et est flanquée de deux petites tranchées transversales exécutées au pied du mamelon, à droite et à gauche du débouché de la coulée.

Plusieurs patrouilles envoyées dans la journée ne peuvent pénétrer dans les bois qu'avec une extrême difficulté ; l'une d'elles rapporte qu'elle a entrevu un fort ouvrage, sans pouvoir donner d'indication précise sur sa position.

Du mirador, un observateur croit apercevoir dans le taillis à 200 ou 300 mètres en avant, un petit ouvrage, d'où, selon toute probabilité, sont partis les feux de front qui ont arrêté la reconnaissance du matin ; il distingue, à une distance plus éloignée, un toit de case émergeant d'un parapet, et dans une autre direction un remblai de terre fraîchement remué qui lui paraît former un troisième ouvrage.

Deuxième groupe. — La patrouille du deuxième groupe s'étant portée jusque sur le sommet du mamelon O, est également accueillie par une fusillade assez vive qui l'oblige à rétrograder. Elle a cependant constaté que les travaux du cheminement pour l'établissement d'une place d'armes avancée sur ce mamelon O, peuvent être repris. En conséquence, la percée entreprise la veille est poussée très activement.

Sur le mamelon Daval, la deuxième pièce du groupe est mise en batterie dès que les aménagements sont terminés.

Réserve générale. — Dans la même journée, une forte reconnaissance, sous les ordres du capitaine Tétart, reçoit l'ordre de se porter sur les emplacements reconnus la veille par le commandant de la brigade, et de les organiser par un débroussaillement rapide pour pouvoir y établir de l'artillerie, dans le cas d'une action de ce côté.

La reconnaissance arrive sans incident au Ngoï-Sat, mais dès qu'elle commence les premiers travaux de débroussaillement sur le mamelon au nord-est du ponceau, une fusillade très vive la force à suspendre les travaux. Des feux de salve leur répondent et après un engagement qui dure une dizaine de minutes, les travaux sont repris. Le soir à quatre heures trente, pendant que le commandant de la brigade inspecte les travaux de la place d'armes avancée du mamelon du premier groupe N et fait commencer le tir des mortiers, une vingtaine de feux de salve nourris sont dirigés, de plusieurs points du mamelon en avant et des flancs, sur cette place d'armes et sur le mirador. Il est répondu par des feux de salve de fusils Lebel. Aussitôt après, le feu des mortiers, qui avait été suspendu, est repris sur l'ouvrage ennemi dont l'emplacement est indiqué par le toit de case.

Dix bombes ont été successivement envoyées; à la quatrième le capitaine d'artillerie Clotes, en observation sur le mirador, constata que le tir était bien réglé; malheureusement les projectiles qui éclatent sont dans une proportion très faible (une bombe sur cinq à six).

A la nuit tombante, le tir sur les positions pirates est repris et continué jusqu'à sept heures du soir par les deux pièces du deuxième groupe, et par les mortiers, jusqu'à dix heures du soir, à intervalle d'une demi-heure.

Ces tirs constituent une première préparation du bombardement général des positions ennemics (groupes de cases, tranchées, etc.) qu'il a été possible jusqu'à ce moment de repérer, bombardement décidé pour le lendemain, par le commandant de la brigade, et pour l'exécution duquel il donne sur les places d'armes un ordre verbal détaillé.

FIN

TABLE DES MATIÈRES

Coulommiers. — Imp. Paul BRODARD.

BIBLIOTHÈQUE VARIÉE, FORMAT IN-16

3 FR. 50 LE VOLUME

VOYAGES

ABOUT (Ed.) : *Alsace* (1871-1872) ; 6ᵉ édition. 1 vol.

— *La Grèce contemporaine* ; 9ᵉ édition. 1 vol.

AMICIS (De) : *Souvenirs de Paris et de Londres*, traduit de l'italien par Mme J. Colomb. 1 vol.

DU CAMP : *Le Nil, Égypte et Nubie* ; 5ᵉ édition. 1 vol.

ESTOURNELLES DE CONSTANT (Baron d') : *La vie de province en Grèce.* 1 vol.

JUSSERAND (J.) : *La vie nomade et les routes d'Angleterre au XIVᵉ siècle.* 1 vol.

Ouvrage couronné par l'Académie française.

HUBNER (Baron de) : *Promenade autour du monde* (1871) ; 8ᵉ édition. 2 vol.

KARAMZINE : *Voyage en France* (1789-1790), traduit du russe par A. Legrelle. 1 vol.

LEGRELLE : *Le Volga*, notes sur la Russie. 1 vol. Voir *Karamzine.*

LENTHÉRIC : *La région du bas Rhône.* 1 vol.

MARBEAU (E.) : *Slaves et Teutons*, notes et impressions de voyage. 1 vol. avec 2 cartes.

MARMIER (X.), de l'Académie française : *Voyages et littérature.* 1 vol.

— *A travers les tropiques.* 1 vol.

— *De l'est à l'ouest.* 1 vol.

— *Un été au bord de la Baltique* ; 2ᵉ édit. 1 vol.

MONTÉGUT (E.) : *Souvenirs de Bourgogne* ; 3ᵉ édition. 1 vol.

— *En Bourbonnais et en Forez* ; 2ᵉ édition. 1 vol.

— *L'Angleterre et ses colonies australes* ; 2ᵉ édition. 1 vol.

SIMONIN (L.) : *Les ports de la Grande-Bretagne.* 1 vol.

TAINE (H.), de l'Académie française : *Voyage aux Pyrénées* ; 11ᵉ édition. 1 vol.

— *Notes sur l'Angleterre* ; 8ᵉ édition. 1 vol.

— *Voyage en Italie* ; 6ᵉ édition. 2 vol., qui se vendent séparément :

Tome I. *Naples et Rome.*

Tome II. *Florence et Venise.*

VARIGNY (De) : *L'océan Pacifique.* 1 vol.

Coulommiers. — Imp. P Brodard.

9 782019 132491